稜
鏡

東亞變局

黃宇翔 黃杰——

著

大轉型與香港出路

策劃編輯	林　冕
責任編輯	江其信
書籍設計	道　轍
書籍排版	楊　錄

| 叢 書 名 | 稜鏡 |
| 叢書策劃 | 北京港澳學人研究中心 |

書　　　名	東亞變局：大轉型與香港出路
著　　　者	黃宇翔　黃杰
出　　　版	三聯書店（香港）有限公司
	香港北角英皇道 499 號北角工業大廈 20 樓
	Joint Publishing (H.K.) Co., Ltd.
	20/F., North Point Industrial Building,
	499 King's Road, North Point, Hong Kong
香港發行	香港聯合書刊物流有限公司
	香港新界荃灣德士古道 220-248 號 16 樓
印　　　刷	美雅印刷製本有限公司
	香港九龍觀塘榮業街 6 號 4 樓 A 室
版　　　次	2023 年 10 月香港第一版第一次印刷
規　　　格	大 32 開（140 mm × 210 mm）232 面
國際書號	ISBN　978-962-04-5325-0

目錄

叢書總序

北京港澳學人研究中心

2022 年是香港回歸 25 週年，在經歷了「佔中」以來一系列社會動盪後，在香港國安法、完善選舉制度的加持下，香港似乎迎來了走向平穩安定的曙光。但香港的政經結構問題既非一日之寒，亦不可能以一日之功平息。

在由亂及治、由治及興的過程中，香港的問題總被歸納為「深層次矛盾」。但香港的深層次矛盾到底是甚麼？其主要矛盾、矛盾的主要方面又是甚麼？要走出當前困局，我們首先要認識、解析深層次矛盾，再對症下藥地採取行動。

香港自開埠以來，就承載著與其面積不相稱的地緣政治角色，只是在百餘年去政治化的殖民統治下，港人當局者迷——香港是中國的香港，還是世界的香港，尤其在當前國際局勢佈滿陰霾的情況下，我們亟需用更廣闊的戰略眼光去看待身處風暴中心的香港。

香港社會不缺乏自由流通的信息，也有足夠討論的輿論空間。但在香港走向基本法所規定的民主化過程中，港人對政治理論和實踐的認識和理解是有待填充的。在「一國兩制」的政治現

實下,「稜鏡」叢書期待引領香港社會從更立體、更全面、更具建設性的角度認識香港,建立更成熟、理性的政治觀,以更務實的態度重新審視香港的政治與經濟發展。

　　這套叢書將結合不同界別研究者的觀察和分析成果,從歷史發展、多方博弈等角度,縱向、橫向地剖析香港的管治問題,探索破局之道。

2022 年 5 月

青春的變軌與
迭代的視野

亞洲要往何處去？這塊古老的大陸正在面對青春的變軌與迭代的視野。新一代的列車馳騁在新的軌道上，也在用全新的視野來看自己與未來。他們不再被舊有的框框所限制，也不再被價值觀的爭議所糾纏，而是要衝破牢籠，爭取新的蔚藍色的思想天空。

這本書就是蔚藍色的思想天空，要描繪權力新的顏色，就是要帶來希望、樂觀，告別殖民主義與西方中心的論述。作者黃杰、黃宇翔是香港的九十後，在太平山下成長，都是《亞洲週刊》編輯部的新秀，他們不但熟悉香港本土，也有強烈的中華情懷，也有亞洲的觀點與全球的視野。他們在新聞的激烈的戰役中，異軍突起，開始力挑大樑，展現「雛鳳清於老鳳聲」的風格。

他們從青春視角出發，探索香港的變局與東亞的大轉型，要研究現代化的新路徑，不再只是看英美等西方的經驗，而是有回歸實處，從本土出發，從人本出發，看看政策的得益者是誰，看看制度的變革對誰有利，而最重要的是，看全民的福祉是否會提升。

東亞的變局還要看如何撫平歷史的傷痕，轉型正義要如何落

實，避免在「矯杆必須過正」的帽子下，帶來民間的第二次傷害。要和解必須還原真相，但發現真相卻往往比剝開洋蔥的過程更困難，不僅充滿了淚水，還弄痛了雙手，割破了社會的傷口，讓現實添加了更多的不確定性。從印尼到韓國，從緬甸到泰國，轉型正義都帶來新的紛爭，也往往埋下撕裂的伏筆。

但東亞都在往前看，主要是新的一代都有更多的企圖心，擁有更全面的知識結構，可以不再被美國的單邊主義牽着鼻子走，而是要有更多元化的價值取向，不再定於一，不再被一元化的意識形態所誤導，而是不斷探索新的可能性。

這都因為市場化的力量，讓商業的算計影響政治的考慮。民間的經濟活力，推動中產階級的崛起，也就是中小企業的活躍，刺激更多的變革。在東亞各地，都可以看見民間企業的身影，改變了經濟的版圖。

背後其實都有文化的基因，東亞文化的勤勞與務實，既仰望星空，也腳踏實地，超越政治意識形態的霸權，拒絕極端宗教的內耗，回歸民眾的常識，也回歸家庭的暖意，形成了枝葉繁茂的民企，煥發創新的生機。中國不僅擁有巨大的民企如騰訊、阿里巴巴、小米、華為等，也有很多低調的成功例子，包括縱橫第三世界的傳音手機（Techno）、後發制人的運動型照相機影石（Insta 360）、佔據了西方市場的快速時尚服裝的希音（Shein）等，都是站在世界前沿的創新型企業。

這都是東亞的最新競爭力，要追求生命的蔚藍色，不再被歷史的黑夜所糾纏，不再被西方的「東方主義」所誤導，而是自立自強，用最新的實踐，發現新的現代化發展模式，超越前進，擁抱明天會更好的願景。

推薦序二

高朗

香港恒生大學社會科學系主任

　　黃宇翔與黃杰兩位青年作家，將探索東亞國家政經文化的文章，彙集成書。作者從多元角度，分享他們對該地區的觀察，並期待香港從中獲得發展啟示。

　　21 世紀全球經濟重心漸轉至亞洲，焦點在東北亞與東南亞。2020 年由「東盟 10+5」簽署成立的 RCEP 是全球最大自由貿易區，成員國包括全球第二與第三大經濟體的中國與日本，充分反映東亞在世界經濟的重要地位。

　　與此同時，大國博弈如火如荼進行，造成地緣政治緊張。數個軍事熱點隨時可能爆發衝突，對東亞、甚至全球經濟造成嚴重威脅。

　　此刻出版這本探索東亞議題的著作，時機極為合適，讓我們有機會從更寬廣的角度，透視東亞主要國家的歷史發展及重要事件對個別國家的影響。藉此，也可反思香港與東亞國家的歷史連結，進而探索香港如何在快速演進的區域關係中，找到有利的契機，為香港發展注入泉源活水。

　　在開始幾章，作者探討中國與東盟關係以及香港可能扮演的

角色。中南半島的交通近年正出現歷史性變化，隨着泛亞鐵路逐步拓展，東盟經濟與中國勢必加深整合。由此創造商機，嘉惠各方。香港憑其金融與交通樞紐地位，有機會扮演重要的角色，這也說明香港積極爭取加入 RCEP 的原因。

這本書從不同角度切入，但未試圖有系統地介紹東亞個別國家，而是挑選其中如日本、韓國、印尼、新加坡、越南、泰國等介紹，重點集中在特定歷史事件及人物的剖析。像介紹日本時，從楠木正成的歷史角色演變，闡述其與後來軍國主義關係，文筆生動，刻畫入微。書中也探討部分國家發展歷程中的政治血腥與真相調查，讓讀者了解印尼、泰國與韓國的不幸過往。對於越南經濟改革，書中亦有不少的介紹及評析。

新加坡與香港常為外界比較，作者花不少篇幅，探討兩地在語言、房屋及經濟發展政策的不同及對香港啟示。

書中亦談及香港與東南亞個別國家的歷史淵源，雖描述不多，然這些久遭遺忘的故事，使我們得以重新審視香港與東南亞關係的密切性。事實上東南亞華人的先輩，主要從中國南部省份遷移至此。無論孫中山革命或抗日戰爭，東南亞華僑都奉獻了絕大的心力，而在這段歷史中，香港與東南亞愛國華僑始終聲氣相通，從未缺席。

近年來隨着中國影響力日益增長，其在區域的定位及角色，不再符合西方的期待。中國政府展現更大的自信及自主性，以維護國家利益。百年前中國衰弱時，國人睜眼看到的世界只有歐美，因為這是侵略的來源，也是學習新知的對象。可是，當中國逐漸富強，將不會從西方角度看世界，而會重回地緣政治的根本，審視其與周邊國家相處，不單是睦鄰，擴大朋友圈，更是共

同發展問題。「一帶一路」與亞洲基礎設施投資銀行（AIIB）的出現，並非偶然。

　　所以當中國將注意力轉向東亞，更凸顯出這本書的價值，也希望作者再接再厲，撰寫更多有關東南亞與東北亞地區的文章。

推薦序三

張翠容
香港新聞工作者
著名戰地記者

在這個碎片化的年代，正當不少人糾纏於小枝小節的是是非非中，特別是年輕人，他們的思考早被社交媒體割裂得支離破碎，想不到還可遇上兩位年輕作者黃宇翔和黃杰（以下簡稱「雙黃」），撰寫了一本大格局的著作，探討東亞變局以至香港出路。

毫無疑問，單極世界在崩壞中，多極世界正在形成之際，亞洲自然也出現大轉型。正如作者質問，為何在這個大時代裡，香港作為亞洲一員，我城共九所大學，竟然只有城市大學和教育大學開設「亞洲研究」課程？香港大學以前還有個「亞洲研究中心」，不知甚麼時候給「殺」掉，奇怪也哉。

在一般人的認知中，亞洲包括東亞，而東亞又包括東北亞和東南亞，但很多時候便到此為止，很少再想到原來中亞、南亞和西亞也屬於亞洲啊！當然香港的專上學府對這些國家的研究少之又少，希望當「雙黃」這本東亞書的出版，拋磚引玉，引來大家對其餘亞洲國家的興趣，也期待「雙黃」再接再厲，為我們展開其餘亞洲地區的「風景」。

不過，僅是我們身處其中的東亞，其發展之迅速，已令我們目不暇給。尤其東南亞，這是頗受香港人歡迎的旅遊地區，但未必有留意其歷史文化政經現況，但卻又與我們香港有些淵源。我

記得祖父母輩總愛講南洋的故事，因為他們有不少同鄉到那裏找生活，新馬泰以至柬埔寨和越南，都有很多華僑落地生根，在當地打拼。那麼，東亞能否進行區域整合？「雙黃」都有仔細分析。

談到區域整合，我們自然想到「東南亞國家協會」，簡稱東盟（Association of Southeast Asian Nations，ASEAN）。這個官方經貿國際組織自 1967 年正式成立以來，有了不少變化，從以抗共為己任到後來接納越南和老撾這兩個社會主義國家，擴展到十個成員國。在 2010 年，更與中國建立中國 - 東盟自由貿易區，形成「東盟 10+1」，成為發展中國家最大的自由貿易區。

「雙黃」對東盟抱有期待，認為可為亞洲新時代注入一股不可或缺的動力。單從經貿來看，其出口總量已與歐盟旗鼓相當。東盟最大成員國印尼，目前乃是世界第八大經濟體，並將有機會於 2030 年在世界生產總值上位列第四或第五位，而越南和柬埔寨也正處於經濟騰飛中，中國更不用說了。

東盟被視為中國「一帶一路」的重要夥伴，從「東盟 10+1」到「10+6」，並共同簽下以東盟為核心的「區域全面經濟夥伴協定」（RCEP），東亞成為全球規模最大的經濟圈，很快可以實現。看來，世界經濟中心正東移，東盟地區處於歷史上最繁榮的時刻，加速亞洲搶奪經濟自由化、區域合作的話語權。那麼，這又可否令到區域整合水到渠成？

區域整合之路從來不是平坦的，而「雙黃」也不是只一味唱好，他們亦指出亞洲正面對不少挑戰，僅是地緣政治已令我們擔憂。近年，中美兩大國的角力已伸延到東南亞國家來。2022 年 11 月美國總統拜登出席東盟峰會時表示，東盟地區是美國印太戰略的核心，宣佈與東盟建立「全面戰略伙伴關係」，這一舉措明顯

是衝着中國而來。

　　從南海到台海的軍事競賽，中俄與西方聯盟之間所掀起的新冷戰，都把東盟推到夾縫裏去。經濟的春風面對地緣政治的厲風，正在富起來的東盟國家，又能否有足夠的智慧避免捲入大國的鬥爭，從而擋住「巴爾幹化」現象在亞洲發生，令強勁的經濟發展戛然而止？這是本書的大拷問。

　　新冷戰不僅考驗東盟，台日韓更是中美博弈的前沿地，當中的科技戰早打個落花流水，連台灣的經濟產業支柱台積電也變成「美積電」，加上美國在台海製造戰爭的恐慌，令東亞局勢增添不明朗的政治因素，我們猶如在霧霾中。幸有「雙黃」為讀者仔細疏理箇中複雜脈絡，讓我們先把握實情，才能有明確的認知。正所謂知己知彼，「雙黃」不忘指出香港作為東亞的一員，實難獨善其身。

　　在這一片陰晴不定的大氣候裏，如何尋找自己的角色和位置，以及了解與其他東亞國家的關係，這乃是香港一項尚未做好的功課，誰之過？

　　除了宏觀評析外，「雙黃」也分享了他們對好些重要東亞國家的微觀觀察。不僅外部的挑戰，他們亦各有不同的內部挑戰，才令到東亞在大轉型的變局中不無考驗。有趣的是，本書對東亞的地理和歷史也進行了詳細的解構，令讀者可以縱橫交錯地去審視東亞的前世今生，以及在耀眼的經濟增長背後所應有的警惕。

　　東亞國家對香港人而言是這麼近，卻又因缺乏足夠了解而那麼遠，而本書正好為我們提供了一扇窗，推開這扇窗，我們看到的是這麼多姿多彩而充滿挑戰的東亞。從東亞變局到世界新秩序的探索，將是我們要好好思考的課題。

黃宇翔

前言

東南亞的誘惑
大國博弈下的區域協作

　　對於香港人，甚至對生活在海峽兩岸各地的朋友來說，東南亞都是既陌生，又多少有點淵源的地方。自詡為「亞洲國際都會」的香港，其九所大學裏只有城市大學和教育大學開設「亞洲研究」課程，香港大學的「亞洲研究中心」也早已被裁撤。面對劇變中的東南亞，香港人真的有能力去理解嗎？東南亞是現時世界經濟增長最急速的地方，東盟經濟正以年均 5.2% 的速度增長。預計到 2030 年，ASEAN 的 GDP 將達到 6.6 萬億美元，成為僅次於美國、中國和歐盟的全球第四大經濟體。隨着 RCEP（Regional Comprehensive Economic Partnership, 區域全面經濟夥伴協定）的推進，香港與東南亞經濟往還勢必增加，但香港人真的了解東南亞嗎？

　　東南亞地區，是冷戰美蘇對決的前沿，長達二十年的越戰是冷戰的重要分水嶺。香港與東南亞諸國分享着共同的記憶，同時面對「冷戰」「內戰」的遺緒。時間或長或短，「雙戰結構」在東南亞各國內的終結多伴隨着大規模的屠殺、清洗，爾後的經濟成就都建築在血債之上。而香港在二次世界大戰後，同樣出現了

1956 年的「雙十暴動」、1967 年的「六七暴動」。也是在「六七暴動」後，香港才實現了經濟起飛。香港和東南亞各國都分享共同的苦難、共通的歷史經驗。

經歷了苦難，東南亞各國都或多或少在二戰後進行了政治、經濟的轉型，總體而言政治往民主化走，經濟上往自由化、全球化走。這個過程有歷史回潮，也有意外，我們更不能因此斷定歷史已經終結，但到目前為止，這個方向大體上仍在延續。這條路自東南亞國家民族獨立以來，走了數十年。羅馬不是一天建成的，同樣地東南亞的經濟奇蹟也不是一天成就，當中自然經歷了許多歷史的偶然與歷史的必然。這漫長的過程裏，既有歷史綿延不絕的肌理，也有許多突發的政治意外事件，讓歷史巨輪忽然轉彎。我和黃杰都是九十後的青年寫作者，不揣淺薄，希望通過這本小書，將東南亞國家面對政治、經濟轉型裏的關鍵時刻、轉型之路約略談個梗概，以助讀者對我們身邊的東南亞地區有基本了解。

就在過去不久的 2020 年，印尼對全球經濟增長的貢獻，已超越了傳統歐洲工業強國德國，東盟內部貿易額已和歐盟看齊，世界未來的經濟增長引擎就在亞洲，準確來說就是東南亞。在這篇緒論裏，我們有必要談談地理上的「東南亞」是怎樣的概念，如何影響我們對該地區的思考，更讓我們看清東南亞區域整合面對的困境。

地理名詞決定眼界

地理既是描述性的（descriptive），也是規範性的（normative），既包含地形參數、經緯度、氣候等客觀因素，亦有地理命名、區

域劃分的人為觀念，後者大多基於豐富的歷史文化、歷史脈絡，而理解這些名詞背後的概念，則更容易理解世界對東南亞地區的刻板印象。

東南亞在中國的封建王朝時代就被稱為「南洋」，這無疑是中國中心的看法。在自然地理上，東南亞主要由兩個部分組成，一部分是半島（也稱東南亞大陸），另一部分是群島。在本書裏，我們主張使用「東南亞半島」（Southeast Asia Peninsula）、「東南亞群島」（Archipelago of Southeast Asia）來分別稱呼東南亞的半島、群島部分。這乍看起來沒甚麼特別之處，但在華文世界裏還是慣用「中南半島」「馬來半島」這一套充滿文化意味的詞彙。

東南亞半島與群島

東南亞半島，即華人熟悉的中南半島，又或者民國時期所慣稱的「印度支那半島」（印支半島），範圍主要包括越南、老撾、柬埔寨、緬甸、泰國五國。如今在英文學界多半使用「東南亞大陸」（或大陸東南亞，Mainland South East Asia）指代這片區域，民間一般仍使用「印度支那」（Indochina）來稱呼。而印度所在的半島，則一般被稱為「南亞次大陸」。相較於亞洲大陸，東南亞半島無疑小了太多，比起「南亞次大陸」則更小，用「東南亞半島」較能作概念區分，又不帶偏見。

至於東南亞群島，現時學界慣稱「海洋東南亞」（Maritime South East Asia），民間則通常使用「馬來群島」（Malay Archipelago），指代印尼、馬來西亞、菲律賓、汶萊、新加坡這片「群島」。前者概念較不清晰，後者則牽涉「馬來性」問題——菲律賓人恐怕不太認為自己屬於「馬來文化圈」。使用「東南亞群島」相對沒有上述

問題，也能指出這片區域群島的自然地理特色，因此較為客觀，也不容易招來反對。但在使用之前，有必要逐一清楚解釋上述涉及東南亞的地理概念，讓讀者了解背後的文化意義。

中南半島與印度支那

先說東南亞半島，「印度支那」的稱呼早於「中南半島」出現，很早就是中文世界對該地區的稱呼。「印度支那」原是法語「Indochine」（英：Indo-China），意指「印度化的中國」或「印度與中國之間」，不論如何都具有「東方主義」的色彩。住在當地的人仔細想來，必然覺得奇怪，不明白自己哪裏「印度」，又或者哪裏「中國」了。若說他們信佛教而類近印度，則上座部佛教在印度幾近灰飛煙滅，反而在緬甸、泰國、斯里蘭卡等地非常繁盛。總之，「印度支那」是西方早期殖民者「想當然」的稱呼，當時的人們地理認知有限，只知中國、印度，而不知這片土地，因此使用這充滿文化偏見與殖民思維的稱呼。

至於「中南半島」照字面而解就是「在中國以南的半島」。二次世界大戰爆發後，中國出於抗日民族主義的需求，認定「支那」具有貶義，因此在民國監察院院長于右任倡議下，把「印度支那」改為「中南半島」，結果就變得具有「中國本位主義」。如果東南亞諸君曉得漢文，了解「中南半島」的意涵，無疑心裏更不是滋味。

馬來群島與努山達拉（Nusantara）

再談東南亞群島。在人類長期的歷史發展裏，水路的貿易溝通都較陸路發達，東南亞也不例外，南島人（Austronesian

peoples）在上古時期就能以獨木舟縱橫西太平洋，東至夏威夷，南至澳紐，西至南印度，北至台灣島、日本和中國東南沿岸。時至今日，從馬來西亞到印尼，馬來語都是官方語言，更可見群島世界商業活動、民間往還的密切。因此，在馬來文化裏，群島世界有着自己的文化概念，東南亞群島被稱為「努山達拉」。古爪哇語中，nusa（島嶼）和 antara（之間）是「努山達拉」的字根，由此可見「努山達拉」就是「群島之間」的意思。

在西方早期殖民時期，東南亞群島就被稱為「東印度群島」，與「Indochina」一樣，西方人要通過印度這個概念來理解印度以東的世界，以致遠在加勒比海的諸島，在當時也被稱為「西印度群島」。如今西方世界則多用「馬來群島」的稱呼。西方的「馬來群島」概念繼承了「東印度群島」的泛指問題，把菲律賓都納入了「馬來」當中。馬來人既是南島人的後代，更吸納了自南亞次大陸移民過來的穆斯林，兩相融合，才構成了現代的馬來民族，伊斯蘭教與馬來人已然密不可分。但菲律賓群島上不但甚少人使用馬來語，多數人更信奉自西班牙傳來的天主教。在去殖民地化的獨立運動之後，菲律賓也沒有把源於西班牙菲利普二世的國名去掉。

巴爾幹化的憂心

光是有關東南亞的地理名詞就如此複雜，其內部矛盾更可想而知。筆者曾因此請教東南亞的學者，東南亞各國本土語言當中，有「東南亞」這個概念嗎？問了幾圈，居然發現沒有。也就是說，東南亞列國當中，只有通曉英文、收入接近中產階層或以上的人，才對東南亞具有概念，也才有基本能力了解「東南亞區

域協作」（Regional Cooperation）所為何事。RCEP、CPTPP 更是只有極少數的精英才能了解的，多數群眾只是像普遍的香港人一樣，對此一知半解而已。

東南亞的區域整合是脆弱的，但前景美好。正因為前景美好、潛力豐厚，更引來列強的虎視眈眈。稍有不慎，就可能面對區內的分裂、相互攻伐，也就是政治學上所說的巴爾幹化（Balkanisation）。

「巴爾幹化」在政治學上是指一片廣大地區分裂成為較小地區或國家，這些國家之間還關係緊張，經常處於對立局面。20 世紀初的巴爾幹半島素有「歐洲火藥庫」之稱，巴爾幹列國各自支持不同軍事聯盟，最終大塞爾維亞主義者刺殺了併吞波斯尼亞及黑塞哥維拿（Bosnia and Herzegovina）的奧匈帝國王儲斐迪南大公，引爆了第一次世界大戰。如今東南亞形勢複雜，頗有當年巴爾幹的味道，若為大國博弈利用，有可能面對「巴爾幹化」危機。

東南亞十國在當今世界，戰略意義非同小可，大國的戰略規劃都把東南亞視為必不可缺的一環：中國的「一帶一路」倡議、美國的「印太戰略」、印度的「東進戰略」以及日本的「自由與繁榮之弧」都把南海和東南亞視為各大國競逐的疆場。這很類似第一次世界大戰前的巴爾幹半島，小小的半島，承載了塞爾維亞與俄羅斯的「泛斯拉夫主義」、奧匈帝國擴張的「泛日耳曼主義」，最終引爆了第一次世界大戰。

東南亞各國自中世紀以來就有領土紛爭，美蘇冷戰格局中的熱戰造成死傷更是不計其數。越南素有統一「法屬印度支那」的夢想；印尼蘇卡諾年代也曾經有統一「馬來世界」（音譯即「努山達拉」）的行動，意圖將馬來西亞、泰南、菲南群島、新加坡島、

汶萊和東帝汶等地混一，建立「大印尼」。歷史上，中南半島上的泰國經常與柬埔寨（高棉王國）、越南、緬甸混戰，領土疆界極其混亂。就在不到十年前，泰國、柬埔寨圍繞柏威夏寺附近地區尚有邊境衝突發生。東南亞之內，印尼的亞齊獨立運動、馬來西亞的砂勞越分離主義也從未平息。

東南亞宗教多元化，長期存在領土紛爭，如今各大國對該地區利益虎視眈眈，若區內的領土問題、獨立問題以及人道問題觸及列強利益，輔以各國本身「政治對沖」的國家利益，就有可能危及區域合作的成果，甚至演化為戰爭，將大國牽扯進來，變得「巴爾幹化」。

東南亞的政治、經濟轉型之路殊不容易，付出許多血淚代價，在展望未來豐厚經濟增長潛力的同時，更要警惕「巴爾幹化」的可能。回想起萬隆會議、不結盟運動的初心，東南亞諸國沒有必要為大國競爭流血又流淚，如同佐科威在 G20 峰會上所說，東盟各國不會在中、美之間選邊站，也不希望中、美強迫東盟選邊站。香港人要在東南亞從事經濟活動，必須理解東盟各國對於大國博弈的定位。

第一章

綜論

1.1 亞洲時代破曉 全球重心東移 香港有角色嗎？

◎ 黃宇翔

　　（編按：2022 年 5 月 8 日，中國國務委員兼外長王毅同東埔寨副首相兼外交大臣布拉索昆（Prak Sokhonn）舉行視像會晤時提到，全球治理進入「亞洲時刻」，世界應更多傾聽亞洲聲音。此觀點和這篇在 2021 年初寫的文章，也可說有所呼應，代表越來越多政治人物注意到「亞洲時代」的來臨。）

　　2021 年是「亞洲時代」元年。世界經濟重心東移，在中國疫後強勁經濟引擎的領導下，中國與日本、韓國及東盟的互動形成強大的經濟圈，東盟勢力上升，出口額正在追上歐盟，形成歷史上東南亞最繁榮的時刻，加速亞洲搶奪經濟自由化、區域合作的話語權。「亞洲時代」不是中國的獨角戲，而是屬於所有亞洲國家的交響樂。但亞洲時代也要面對地緣政治鬥爭的陰影，從南海到台海，都可能是「火藥庫」。跨年之際，印度與越南軍演，中國與俄國的戰略轟炸機協同演習。亞洲要有新的智慧，不要被大國政治博弈牽着鼻子走，要維持和

平榮景，不要被「巴爾幹化」，陷入永無休止的衝突。

香港與RCEP

亞洲時代到了，世界改變了，香港也要想辦法活下去。

時至 2022 年，儘管前商經局長邱騰華強調希望香港加入 RCEP，但實際上香港仍未加入。到底 RCEP 對於香港來說有哪些價值，香港可以發揮哪些作用呢？在 2021 年，筆者有幸主持一個關於 RCEP 之下香港怎麼辦的論壇，會上各位學者對於 RCEP 帶動香港經濟各有不同看法。RCEP 雖然是機遇，但香港的底子未必能適應 RCEP 裏東南亞國家的需求。

會上，全國港澳研究會副會長劉兆佳提出：「RCEP 的根本在於中美地緣政治的角力，美國向來不容許亞洲一國獨大，直到 21 世紀初開始意識到中國威脅，尤其是貿易與科技規則的制定權。於是通過十幾年時間部署 TPP（Trans-Pucific Partnership, 跨太平洋夥伴關係協定），以貿易規則壓制中國。RCEP 則是中國反制美國的階段性勝利。」關於香港的定位，劉兆佳認為：「美國未來可能拉攏印度，並重回 CPTPP（Comprehensive and Progressive Agreement of Trams-Pacific Partnership, 跨太平洋夥伴全面進步協定），利用中國、澳洲的惡劣關係做文章，挑起區內矛盾。」而「中國內地與香港是經濟命運共同體」，香港必須在 RCEP 這個大框架下背靠中國。

眾多學者都認為不宜高估 RCEP 對香港的價值。香港科技大學前經濟系主任雷鼎鳴認為不應高估 RCEP 對香港的作用：「香港金融和轉口的功能一直在發揮，但高科技就需要爭取發

展。」RCEP 未必能帶動香港高科技行業的發展，尤其是面對新加坡的競爭。

香港珠海學院一帶一路研究所所長陳文鴻認為，香港本來就有許多東南亞華僑，但政府對他們的重視嚴重不足，使香港曾經有的東南亞網絡沒有被充分利用。陳文鴻比較香港、新加坡，認為香港人只懂得經濟上的炒炒賣賣，根本沒有能力對亞洲區域的金融整合、亞洲貨幣基金組織作出構想，註定了從區域整合的角度看，香港的價值有限：「香港回歸後沒有長進，只會炒賣，經濟單一而且脆弱，無法配合國家『金融服務於實體經濟』的方針。」

香港要進入 RCEP，尤其是東南亞市場，最大的挑戰是缺乏熟悉當地的人才。香港八間大學院校裏，被視為最頂級學府的香港大學、香港中文大學、香港科技大學都沒有「亞洲研究」的課程，香港大學的亞洲研究中心甚至在 2009 年關門大吉，被合併到香港人文社會研究所。

亞洲時代破曉

2021 年是 RCEP 簽訂後的第一年，各項經濟指標顯示，東盟的實力急速上升，逐漸與歐盟並駕齊驅，加速亞洲搶奪經濟自由化、區域合作的話語權。

根據跨國諮詢公司麥克錫的統計，東盟的出口額正在追上歐盟，與歐盟旗鼓相當，形成歷史上東南亞最繁榮的時刻。根據購買力評價，中國的經濟生產總值已超越美國，印尼亦成為世界第八大經濟體。不同跨國金融巨頭的預測當中，到 2030

年，中國即便在外匯計價上都應該是世界生產總值最大的國家，印尼則會進佔第四或第五位。日本、印尼、印度、越南在2030年都會成為世界規模前二十名的經濟體。「亞洲時代」不是中國的獨角戲，而是屬於所有亞洲國家的交響樂。

但亞洲時代也要面對地緣政治鬥爭的陰影，美國的軍事介入，要挑戰中國在區內崛起的軍事力量，從南海到台海，都可能是「火藥庫」。就在跨年之際，印度與越南軍演，中國與俄國的戰略轟炸機協同演習，英國與法國都計劃派遣軍艦到亞洲。冷戰時期的硝煙味道，似乎又重新飄來。這也考驗很多經濟上正在富起來的國家，是否有新的智慧，不要被大國政治博弈牽着鼻子走，而是要維持亞洲和平的榮景，不要被「巴爾幹化」，陷入永無休止的衝突。

世界經濟中心東移，源於製造業大規模遷移至亞洲，亞洲成為全球供應鏈的重要構成部分。亞洲國家通過勞動密集型工業進行資本的原始累積，建立起出口導向的經濟政策，中國、日本、韓國已漸漸走過這個階段，現在印度、印尼、越南等國家都在這個階段徘徊。亞洲國家人口規模較歐洲國家為高，中國、印度都有約14億人口，越南有1億2000萬人口，印尼有2億6000萬人口，本身市場規模龐大，具有強大發展潛力。

「亞洲時代」的里程碑，無疑是RCEP於2020年11月15日簽訂，該地區成為全球最大的自由貿易區，協定成員包括東盟10國與中、日、韓、澳、新西蘭等，覆蓋人口達到22億7千萬，出口總額達到5萬2000億美元，皆佔全球總額30%，

不論出口額、人口皆是自貿區之冠。RCEP 使中日韓三大區內經濟龍頭也建立了新的貿易關係，超越了「中日韓自貿區」近十年談判、仍然無果的遺憾，也把屬於「五眼聯盟」「盎格魯撒克遜」（Anglo-Saxon）文化圈的澳洲、新西蘭也整合到同一自貿區內。

RCEP 談判的層次自然是低過當年美國奧巴馬政府主導的 TPP（現稱 CPTPP），沒有就金融服務、知識產權、區域仲裁作出太多明確的規定，但仍有電子商務、競爭政策方面的規定，以滿足產業上游國家的需要。這無疑是處於產業上游的中、日、韓讓步的結果，也正因為 RCEP 是由東盟倡議，所以首先要滿足東盟十國的利益，給予發展中國家較多特殊、差別待遇，甚至規定經濟技術合作，使發展中國家能較快發展。RCEP 主要是規定貨物貿易、原產地規則、海關程序等二十個領域，有利於出口導向國家發展，打入區內較發達的市場，這無疑有利於勞動密集工業經濟主導的越南、印尼、馬來西亞等國的經濟高速發展，也有利於中、日、韓繼續將部分工廠遷移到東南亞。

RCEP 是使亞洲尤其是東亞區域成為世界經濟中心的重要一步，隨着新冠疫情在歐洲持續肆虐，未來兩三年歐洲的持續經濟衰退不難預見，反而東亞各國在疫情控制上較為優勝，當然這也包括了氣候較溫暖的好處。彼得森國際經濟研究所（PIIE）認為，RCEP 將使全球經濟規模增加 1860 億美元，並為成員國的 GDP 帶來 0.2% 的長期增長。同樣就 PIIE 的研究來看，預計中國、日本、韓國的收入漲幅最大，分別為 850

億美元、480 億美元和 230 億美元。從佔國家 GDP 的比例來看，馬來西亞、泰國、越南也是主要受益者，會帶來 0.5-0.6% 的經濟增長。

亞洲區域整合的起點

RCEP 由「東盟中日韓宏觀經濟研究辦公室」（ASEAN+3 Macroeconomic Research Office，簡稱 AMRO）所研究、倡議，AMRO 最早以有限公司的形式在新加坡成立，原意是支持「清邁協議」（CMI）運作以及對區內經濟進行宏觀監測，直到 2016 年才升格成為國際組織，由東盟、中日韓共同出資。由此不難看出，AMRO 肩負起區內總體經濟規劃，以至金融發展總體規劃的責任，AMRO 負責的「清邁協議」就包括了維繫貨幣互換機制以及儲備措施。

隨着 RCEP 取得階段性勝利，進入本國立法階段，若 RCEP 推進如預期般順利，那麼 AMRO 本身研究已久的亞洲金融整合也很有可能被提上議程。AMRO 本來就具有一定的「亞洲貨幣基金組織」（AMF）的色彩。早在 1997 年亞洲金融危機之際，日本就於當年 11 月在馬尼拉框架會議上提出「亞洲貨幣基金組織」概念，計劃將東盟地區部分外匯集中起來，為陷入危機的國家提供救助，但在當時美國反對、中國沉默的情況下不了了之。之後日本還提出了「亞元」（AU）的概念，構想以亞洲共同貨幣整合東亞經濟。

時隔二十多年的今日，「清邁協議多邊化機制」（CMIM）下的東亞外匯儲備基金在 2012 年就已經達到 2400 億美元，中

國和日本共同擔任這個儲備基金的龍頭，各自貢獻了 32% 的出資額。不難預見，隨着 RCEP 使區內經濟交往更趨頻繁，區內更需要一種可在各國通用的貨幣，已具雛形的「亞洲貨幣基金組織」AMRO 以及「亞元」的概念將被提上議事日程，2021 年可能就是經濟、金融領域「亞洲時代」的開端。

RCEP 簽訂的前夕，大國們似乎都看到了東南亞地區未來的潛力，2020 年 10 月，東南亞變成了各大國外交的熱土，中、美、日部長級官員雲集東南亞。世上沒有無緣無故的愛與恨，大國看重東南亞，無非是因為東南亞經濟實力提升。未來勞工密集型的工業，尤其中低端的工業將以東南亞為中心，東南亞地區又握有馬六甲航道、南海水道這些世界重要的經濟樞紐。因此不論從經濟或地緣政治博弈角度看，東南亞都成為了必爭之地。

大國外交聚焦東南亞

中、日、美於 2020 年 10 月出訪東南亞次序如下：中國外長王毅在 10 月 11 日至 15 日出訪柬埔寨、老撾、馬來西亞和泰國，此前國防部長魏鳳和也在 9 月出訪汶萊、印尼、馬來西亞和菲律賓；日本首相菅義偉首次外訪也選擇了在 10 月 18 至 21 日出訪越南和印尼兩個東盟大國，而非按傳統到美國訪問；美國國務卿蓬佩奧在美國大選前最後一行的目的地也選在東南亞，出訪印度、斯里蘭卡和越南。蓬佩奧出訪三國目的昭然若揭，就是聯合三國圍堵中國。菅義偉首次外訪選擇東南亞而非美國，也不難理解，皆因日本日後經濟增長最大市場就是

東南亞，預計 RCEP 簽訂後將帶動日本經濟增長 1.1%，這對長期近乎零增長的日本極為重要。至於中國，自然是為了「一帶一路」倡議而行。

綜觀各大國戰略，都將東南亞視為重要的一環：中國的「一帶一路」倡議，美國「印太戰略」，日本前首相安倍晉三提出、菅義偉蕭規曹隨的「自由繁榮之弧」以及印度的「東進戰略」（Act East Policy，前身是「東望政策」Look East Policy）皆是如此。這四大國都把東南亞視為主要爭奪對象，大有「得東南亞者得天下」之勢。

東亞軍事活動頻繁

在這四大國戰略籠罩之下，近年東亞，尤其是南海軍事演習、軍事活動頻繁。剛過去不久的 2020 年 12 月 22 日，中國和俄羅斯空軍就舉行「第二次聯合空中戰略巡航」。該機制建立於 2019 年，至今已常態化，中方派出四架「轟 -6」戰機，與俄方兩架「圖 -95」戰機聯合編隊，於日本海、東海空域組織聯合巡航，這無疑使區域局勢緊張。韓國軍方聲稱中俄軍機「成群進入韓西防空識別區」，但防空識別區並非領空，韓國軍方也只是抗議而已。

另一方面，美國與印度定期舉行的「馬拉巴爾軍演」（Exercise Malabar）也在區內有擴大勢頭，於 1992 年創始時只有美國、印度參與；2015 年起，日本成為定期參與國家；時至 2020 年，又加入了澳洲、新加坡，合共五國參與。美、日、澳、印四國自 2007 年起就有「四方安全對話」，作為軍事

交流機制，特朗普時代的美國國務卿蓬佩奧主導的「對話」就
更強調中國在疫情上的責任，把矛頭指向中國，幾個國家儼如
亞洲區內的「小北約」。

區域整合增加衝突風險

由此可見，中俄與美印的兩大軍事集團漸漸成形，澳
洲、日本尚在兩者之間搖擺，但漸漸倒向美印：美、英、日組
建了「AUKUS」的聯盟：日本則與美國頻頻舉行軍演，更在
釣魚島海域舉行了 10 萬人規模的軍演，是史上最大規模的軍
演。兩大集團之間的矛盾在 2021 年上升到高峰，此後或將更
加嚴重。中印在 2020 年於班公湖地區多次對峙，更爆發冷兵
器為主的小規模械鬥（或低強度戰爭）；至於中國、美國則幾
年來都在南海爆發衝突，中國更試射東風 21 導彈到南海，意
圖震懾美國航母；中國和澳洲也在 2020 年爆發貿易戰，中國
抵制澳洲煤炭、農產品進口……凡此種種都代表着亞洲的價
值越來越大，也意味爆發區域衝突的風險正在增加。

2021 年是「亞洲時代」的元年，但這並不一定代表亞
洲會走向更美好的未來，潛力即便再豐厚也需要人的意志去
完成。亞洲可能走向更緊密合作，建立更深層次的「區域合
作」，以至「區域整合」，使各國都放棄一定程度的本國利益，
而達成區內集體利益的最大化。但區域內各國之間的信任不進
則退，退則爆發衝突的風險係數增加，最差的結果就是東南亞
各國服務於不同的大國集團，成為大國鬥爭的工具，重複「巴
爾幹半島」的悲劇。「巴爾幹半島」的紛亂時至今日尚有「科

索沃問題」，而長期廝殺直到 20 世紀末才稍為平息。

　　冷戰時期，東南亞各國就曾經飽受成為「帝國馬前卒」之苦，為了意識形態彼此攻伐，甚至國家為了意識形態分裂為二。同一民族即便是親友都分隔兩地，數十年不得相見，老死不相往來。這些情形都見諸台海兩岸、朝鮮半島、越南等地。印尼、韓國、泰國、台灣地區，以至中國大陸都曾為了意識形態清除異己，留下永難磨滅的歷史傷口。

走出新冷戰陰霾

　　亞洲各國都有着沉重的歷史記憶，都曾經因為意識形態分裂，付出沉重的代價。2021 年是「亞洲時代」的起點，但其發展卻不是一條平路，需要各國相互理解的智慧。通過「冷戰歷史記憶」的教訓，亞洲人理應有能力走出「新冷戰」的陰霾，基於彼此利益、人類交流的需要，走向更緊密的「區域合作」，以至整合，迎來「亞洲時代」的破曉時分。

　　面對亞洲時代的來臨，香港只提出了要加入 RCEP 的構想，但對 CPTPP 則未有着墨。這對於亞洲來說是巨大機會，對於香港來說同樣意義重大。面對這個前所未有的巨變，香港也要清楚地探索自己的定位。

1.2 東盟「疫」境反超前 「中國模式」顯優勢

◎ 黃杰

　　「中國模式」的初期是以歐美市場為出口中心的工業化政策，但隨着中國的崛起和 2008 年美國的金融危機，「中國模式」便成為了一種區域性的發展策略，取代了西方全球化資本高度集中、搜刮地方資源的特色，和東盟各國形成向外延伸、互惠互利、具有附加價值的產業鏈，使東亞地區（特別是半島東南亞，因為泛亞鐵路接通三億人市場和勞動人口的機遇）共同走向工業化。

　　在新冠病毒衝擊世界經濟的「疫」境之下，中國和東盟的經濟合作不退反進，已經先後超越了美國和歐盟，成為各自最大的貿易夥伴。截至 2021 年，東盟吸引了全球三分之一的外國直接投資（FDI），成為新的世界經濟引擎。可見世界經濟活動的中心已經從西方遷移至東方。中國的對外貿易也因此應該迎合這個轉變，特別是過往作為東西之間貿易窗口的香港，是時候更清楚地思考自己在中國與東盟貿易中的角色。

　　根據中國海關發佈的 2021 年 1 至 4 月的統計，縱使在全球疫情肆虐、國際貿易遭遇劇烈衝擊的嚴峻挑戰下，中國與

東盟的進出口額逆勢增長，貨物總值達 13500 億元，同比增長 5.7%，佔中國外貿總值的 15%。加上「東盟 10+3」的《區域全面經濟夥伴關係協定》（RCEP）已經簽訂，並隨着《中國東盟自貿協訂升級版》的全面實施，中國—東盟自貿區已經成為了中國享惠規模最大的自貿區，佔全國享惠進口的一半，自貿協訂利用率高達八成（《世貿協訂》的利用率僅四分之一）。而近年落實的 RCEP 一旦開始全面運作，這個數字恐怕只會更高，代表着中國和東盟的關係已經進入了一個新紀元，RCEP 取代了西方成為中國最重要的戰略關係。

中國於 2020 年兩會結束後的首個外交動作，就是 5 月 29 日和東盟共同發表的《中國東盟經貿部長關於抗擊新冠肺炎疫情加強自貿合作的聯合聲明》。《聲明》肯定了中國東盟自貿協定對促進雙方投資發展的重要作用，呼應了習近平在二十國峰會（G20）上的倡議，力促區域經濟早日復甦的計劃。

《澎湃新聞》記者汪倫宇問到時任外交部長王毅，在「10+1」「10+3」、瀾湄合作框架之下，中國和東盟有何期待。王毅回答道：「回顧中國和東盟關係史，無論是亞洲金融危機，還是國際金融危機，每一次危機都讓中國東盟關係更加緊密……我們將加強『一帶一路』倡議與東盟互聯互通的規劃對接、維護多邊貿易體制，共同推動年內簽署 RCEP，提高經濟一體化水平。」這番話提到的危機自然也包括了新冠肺炎的險峻疫情，確實是反而為中國與東盟的關係帶來新機遇。

東盟轉至中等科技產業

東盟地區產業發展迅速，廉價勞動力優勢吸引了大量外資，其中越南的表現尤其突出。根據泰國發展研究所經濟情報局的數據，越南的發展重心已從勞動密集型產業轉移到中等科技產業，並吸引了不少中日韓企業的投資，特別是從中國市場出走轉而投資越南中級水平科技產業（如電視機）的三星公司。2019 年的前十一個月，越南吸收外商投資協議額為 318 億美元，其中中國企業佔一百億，為越南最大的投資者。2018 年，阿里巴巴、京東等中國企業亦和泰國簽署了經濟技術合作協議，投資領域包括數字業務、電子商務培訓、智能倉儲物流等。

早在數年前，任正非就曾表示，華為的主要供應鏈已經從中國的廣東轉移到了東南亞。這表示中國 — 東盟的生產網絡分工越來越細，專業化程度越來越高，日益形成一個相對獨立的產業體系。這是中國國內科技水平和創新能力提升的結果：從低附加值的「中國製造」向高附加值的「中國智造」轉型，從而將部分產業鏈向外延伸至東盟各國，加速了當地工業化的進程。

其中一個顯著的案例就是中國進口東盟的集成電路（integrated circuit），2020 年首季度達 1000 億元，佔了中國從東盟進口的 25%，增長 25.8%。這形成了「東盟製造電路，在中國組裝成電子產品」的產業鏈。同時也有逆向的中國向東盟出口電路的產業鏈，2020 年首季度貿易額達 430 億元，增長 28%，佔東盟出口的 8%。這表示了在集成電路這一個技術範

疇，中國—東盟的產業上下游連結深入，已經成為了一個循環互惠的經濟體，也有橫向的技術流通。

以四川省為例，2020 年首季度對東盟出口總值 350 億元，同比增長 28%。其中，對越南的進出口規模佔 60%。成都海關統計分析處處長潘旭東表示：「這主要是得益於英特爾成都工廠的集成電路進出口。」英特爾成都工廠建成於 2005 年，經過多次技術升級，尤其是英特爾「高端測試技術」於 2016 年大規模量產後，代表了世界封測領域的頂尖水平：全世界一半的筆記型電腦芯片都在成都封裝測試。中國國際貿易學會專家委員會副主任李永指出：「集成電路產業在國際或區域內形成分工並不斷調整，主要是企業根據相關國家和地區比較優勢變化、遵循市場原則形成的。」

各種影響因素當中就包括了在中美貿易戰等客觀條件下，大量歐美日韓國家將生產線從中國轉移至東盟國家（見下文〈中美科技戰「第三者」　韓國台灣經驗啟發香港〉）。比如上述的英特爾公司所擁有全球最大的封測廠就設立於胡志明市，於 2016 年投產，並不斷擴大在當地的投資。韓國電子巨頭三星於 2019 年 10 月關閉在中國最後一家手機工廠後，亦將其全部產能轉移至越南，打造其最大的海外生產基地。

中國—東盟產業群

然而，這樣的產業轉移並不代表相關產業就此離開中國，而是一種產業分工的延伸。這是大部分有關東盟發展與中國關係評論中的認識誤區。由於東盟國家在供應鏈網絡的規

模、成熟度等方面遠遠無法與中國相比，致使發達經濟體的製造業大規模向東盟轉移，還是得依靠中國供應鏈、產業鏈方面的支持，包括中國的原料、技術、零配件和設備。

中國人民大學重陽金融研究院高級研究員丁剛指出，更重要的是，轉移到東盟的工廠相當一部分產品，主要是零件還將出口到中國，最終由中國廠家組裝後再出口到歐美等其他國家，或者在中國國內市場銷售。這不僅沒有削弱中國供應鏈的優勢，反而擴大了以中國為中心的供應鏈網絡的規模，並由此為東盟各國提供了工業化的機會，和中國有更多的往來。這就是所謂的「補鏈成群、建鏈成群」。

這同時就是中國模式的「一帶一路」倡議的最終走向，例如 2019 年 8 月國家發改委印發的《西部陸海新通道總體規劃》，就是針對成渝地區和東盟國家的貨物貿易往來的需求。中國在建設東盟內部互聯互通的基建計劃之中，也扮演着相當重要的地位。比如，越南內部由於交通不暢，致使其分別形成了以河內和胡志明市為中心的兩個相對獨立的經濟圈，無法形成產業鏈。這是數十年間越南在西方全球化的資源搜括之下未能有效發展的一大原因。

針對這個缺口，重慶市就推出了在重慶自貿試驗區設立中外合資的西部陸海新通道投資基金（私募），探索設立西部陸海新通道（國際）投資母基金，加快人民幣海外基金應用。這將通過海外投資化解陸海新通道建設的資金問題，將越南和成渝地區連接成一個緊密的產業群。而東盟國家亦可以藉助重慶這個「跳板」，解決基建的問題並走向國際市場。而重慶亦

可以成為內陸國際金融中心，成為面向東盟的資金清算和結算中心。重慶市政府所發行的《方案》當中更提到，鼓勵重慶企業參與馬中關丹產業園區、中印經貿合作區、泰中羅勇工業園區、柬埔寨西哈努克港經濟特區等境外產業園區。

中國參與東盟供電網

除了解決產業群和基建的問題以外，「一帶一路」要在東盟成功實現產業轉型的另一大關鍵就是能源和供電的問題。因此，「一帶一路」倡議和中國東盟區域經貿合作的另一重要環節就是「中國東盟電力互聯互通」。自 2004 年南方電網投建的中越跨境電網開始，截至 2018 年，中國與東盟的瀾湄區域累計電量交換達 570 億千瓦時（kWh）。而其中位於大湄公河地區中心位置的老撾（接壤泰國、柬埔寨、中國、越南、緬甸）也提出建立東盟「能源基地」和中南半島「蓄電池」規劃，吸引了南方電網、中國電建等中資企業進入其電力市場。

作為社會主義國家，中國和老撾長久以來有良好的雙邊關係。2019 年，中老最高領導人更簽署了《構建中老命運共同體行動計劃》。這是中國的第一份命運共同體計劃，其意義重大。同時中國也是老撾的最大債權國、最大直接投資來源國和第二大貿易夥伴。著名的中老鐵路不僅是中國第一個與國家鐵路網直接聯通的境外鐵路項目，也是老撾國家戰略（由陸鎖國變成陸聯國）的關鍵。

泛亞鐵路於半島東南亞通車的第一段就是中老鐵路，預期會為老撾帶來 100% 以上的經濟增長，更加穩固了其「半島東

南亞電網」的地理位置。因為這樣的天然優勢，老撾成了東盟發展電力網絡的重要關鍵。老撾憑藉其大量的水電裝機以及較少的國內電力需求，一直以來為泰國、柬埔寨等電力需求旺盛的國家提供電力。2018 年，東盟區域內跨境電力交易量中，與老撾有關的交易佔比超過 65%。

作為東盟電網的十字路口，目前，老撾已經和泰國簽署了 6000 兆瓦的電力出口協議，和柬埔寨簽署了 115 兆瓦的電力出口協議，和泰國及馬來西亞簽署了 100 兆瓦電力出口協議，和中國及越南簽署了 5000 至 6000 兆瓦的輸電計劃協議，和緬甸商談約 500 兆瓦的出口規模。其中，因為工程技術和高效管理的優勢，中國電建、中水對外、南方電網、葛洲壩集團等大型電力央企，就拿下了諸多如南歐江梯級水電站、老撾北部電網、老撾萬象電網等關鍵項目，成為老撾電力產業的主力軍。

中國模式勝西方全球化

在過去數十年西方全球化之下，東盟經歷了被搜括天然資源的「欠發展」（under-development）階段，如馬來西亞的石油和棕櫚油產業，或是湄公河的漁業，最終都沒有為東盟帶來工業化的成果。這是因為西方全球化僅僅是表面上的大宗商品貿易，而沒有考慮到如何滿足對方發展的條件，忽視了形成產業群、修補建設基建和能源發展等重要的問題。

相較之下，中國在過去十年對東盟提出的發展方案則滿足了這些條件。中國身處亞洲，和東盟互相毗鄰，最終也要以亞洲為自己經濟的重心，現時東盟超越美歐成為中國最大的貿易

夥伴就是最佳的佐證。中西與東盟合作方式差異背後的原因其實也不複雜。對外經貿大學世貿研究組組長屠新泉說:「對中國經濟發展的方向來說,甚麼都可以換,唯獨是你不能換走自己的鄰居,因此發展東盟對中國來說是勢在必行。」

　　不論是 2018 年 11 月發表的《中國東盟戰略夥伴關係 2030 年願景》,還是 2019 年 11 月的《「一帶一路」同〈東盟互聯互通總體規劃 2025〉對接合作的聯合聲明》,或是 2020 年落實的 RCEP,都證明了中國—東盟關係是本世紀對中國來說最重要的戰略關係,因為中國離不開亞洲,而亞洲也以東盟為核心。實現對東盟有利的產業升級政策,也是中國對區域安全和繁榮最理想的投資。未來的中國應該要以亞洲為其戰略發展的中心。

香港在東盟發展的地位

　　如前文所述,中國—東盟關係將會變得越來越重要。而香港應該把自己放在甚麼位置呢?在這裏有兩個重點。第一,半島東南亞在泛亞鐵路通車以後,將不再是一個個分隔孤立的國家,而是有從中國出發通往泰國曼谷的三條鐵路線,分別為東線(經越南、柬埔寨)、中線(經老撾)和西線(經緬甸),以及一條從曼谷經馬來西亞通向新加坡的延長線。屆時從真的會實現「從南寧到新加坡」的整個半島東南亞的經濟一體化。

　　第二,除了硬件基建的配合以外,工業化所需的「軟件基建」如法律、技術轉讓、會計、金融清算、網絡安全、物流保

險、集資發展等等都還需要進行全方位的升級，才能真正實現
中國和半島東南亞之間的對接，這些都是香港應該要思考的機
遇。世界的經濟中心由西向東移，香港自然不能置身事外。

1.3 中美科技戰「第三者」韓國台灣經驗啟發香港

◎ 黃宇翔、黃杰

中美科技戰是兩個大國的鬥爭，大國殺得難分軒輊，但沒想到爆出「第三者」韓國與台灣企業意外受益，試圖在左右逢源之中「悶聲發大財」。台灣的聯發科、韓國的三星電子都在美國再出手制裁華為之際，營收大幅提升，使美國芯片（晶片）企業高通（Qualcomm）暴跳如雷，要向美國政府遊說，放寬高通與華為做生意的限制，以免肥水流入外人田。此外，台灣的台積電、韓國的半導體代工廠商 SK 海力士營收都顯著提升，支撐着疫情下的韓國、台灣經濟，兩地在 2020 年第三季度都能有經濟增長，成為疫情與科技戰下，難得有增長的地區。

台灣的聯發科、韓國的三星都在中美科技戰下獲利巨大，而面對傳媒追訪，兩間企業都諱莫如深，不予回應。8 月 9 日，在深圳舉行的「中國信息化百人會 2020」上，華為行政總裁余承東表明華為榮耀系列手機將採用聯發科設計的「天璣」系列芯片，以取代海思「麒麟」，也有消息傳出華為已向聯發科下單一億二千萬顆芯片，作為高通「驍龍」、海思「麒

麟」的替代品。預計 2022 聯發科 5G 芯片的供貨佔比會提高到 65%，遠高於 2021 年的 25%。多重利好消息下，聯發科股價暴漲，創下十八年來新高，自 5 月到 7 月底上升了 77%，為台灣市值第二大公司。至於市值龍頭台積電，2021 年 8 月初公佈的業績也顯示，其第二季度營收較去年同期上升 32.1%。

韓國三星電子 2020 年第二季度利潤也較上一季度上升 26%，較 2019 年同期上升 23%，記憶體芯片是三星電子最大的增長點，韓國半導體「二哥」SK 海力士在 7 月公佈的業績，利潤較前一年暴漲兩倍。

身為美國公司的高通眼見聯發科拿下大訂單，又預想三星可能吃掉部分市場，自覺吃了大虧。《華爾街日報》曝光高通的遊說文件顯示，高通爭取美國放寬對華為的禁令，並表示該禁令已使台灣聯發科以及韓國三星電子獲益：「若高通受制於出口禁令，而其他外國公司沒有，政策將導致中國及其他地區 5G 芯片市佔率迅速轉移，妨礙美國 5G 領導地位，對美國利益來說，是不可接受的結果！」

美國怪異的出招，不許高通與華為做生意，卻允許聯發科、三星為華為作芯片設計，被視為替日後貿易戰談判留有餘地。美國克林信大學副教授徐家健認為：「聯發科、三星會否受美國進一步制裁影響，最終還是視乎中美談判的結果，特朗普的行為在國內也受到壓力，因此會選擇較易下手的社交媒體產業下手，例如針對 TikTok、微信，但芯片行業牽連甚廣，需要同時考慮民粹需要和大財團利益。」徐家健也認為：「若要通過整個芯片產業封殺華為，美國能夠做到，但最終沒

有一步到位，在於牽涉的利益太多，美國國內也有呼聲希望商業歸商業，未必需要徹底脫鈎。」而這最終使韓國、台灣意外獲益。

網絡戰與芯片戰

中美博弈由貿易戰轉向科技戰、網絡戰，繼 TikTok 之後，華為依然是美國重點打壓對象。中美科技戰除了網絡戰之爭，另一大戰場則是芯片產業。首先是網絡戰，徐家健認為「處理 TikTok、微信利益牽扯沒有那麼大，相對較容易下手，芯片行業則牽連較廣，美國政府未必很容易影響到國外公司」。微軟（Microsoft）、推特（Twitter）和臉書（Facebook）對瓜分 TikTok 的短視頻市場都躍躍欲試。

芯片戰場更顯波譎雲詭，高通斷供華為，美國商務部在 2020 年 5 月已對華為作出限制：若公司產品使用美國技術達 25% 以上，不可出口予華為。台積電不再替華為海思生產麒麟 990 芯片，華為自主研發的芯片成為絕響。表面看來美國鐵了心要封殺華為，結果換來的卻是聯發科、三星搶過高通訂單，尤其是聯發科承擔了華為全部六款新手機芯片的設計，而且依然是由台積電負責 7 納米芯片的生產。美國看似步步殺着，卻始終留有餘地，引來高通的強烈不滿，華為仍然有芯片可以使用，聯發科、三星生意水漲船高，唯一最大損失的芯片企業就是美國企業高通。

在中美夾縫中的聯發科生意急劇上揚，聯發科挖來曾任美國商務部商業聯絡辦公室主任的威爾森（Patrick Wilson）。威

爾森從 2020 年 7 月起擔任聯發科的政府事務部門副總經理，進行政治遊說，確保替華為設計的芯片不被制裁，作為政治保險。

至於韓國的三星，根據 2020 年 6 月中旬韓國《中央日報》消息，三星拒絕替華為代工手機 5G 芯片，態度比台積電更加決絕。香港中文大學全球研究課程講師鍾樂偉指：「韓國在大方向仍是跟着美國路線，要找三星生產芯片，應該也非常困難，主要也是搶高通有關芯片設計的訂單。」鍾樂偉也認為：「華為與三星在智能電話市場是主要競爭對手，三星很難有動機協助華為。」事實上，三星在 5G 電信設備市場於 2020 年已悄然擴張至 23.3%，華為被制裁對三星有利。在中美科技戰及疫情的雙重影響下，半導體行業成為在所必爭、能帶動經濟增長的行業。鍾樂偉說，現時韓國政府在京畿道平澤地區建設科學園區，重點扶持三星電子、SK 海力士，建設 5 納米、3 納米的芯片廠房，以與台積電競爭。

台積電斷供華為因由

台積電在 2020 年 7 月底就宣佈停接華為海思半導體的芯片訂單，直到 8 月 9 日華為行政總裁余承東也親自承認麒麟芯片或成為絕響。然而，2019 年底，路透社報道，當時台積電評估在 7 納米製程當中，美國技術佔比約 9% 左右（符合美國商務部提出降到 10% 的要求），可以供給予華為，14 納米製程則高於 10%，不能符合美國政府禁令。因此台積電董事長劉德音在 2020 年 6 月初還在力爭申請「出口豁免」，但時隔僅一個

月就宣佈斷供華為海思，變化之快教人驚奇。台灣知名財經作家張殿文曾到台積電在上海松江和南京的廠房考察，熟悉台灣半導體行業的他說：「這純粹是美國政府因素，5 納米製程用了太多美國技術。」而台積電的 5 納米製程就在 2020 年進行量產，張殿文認為這是台積電斷供華為的根本因素。

張殿文認為，華為同時從事芯片設計、生產，與台積電是天然的競爭對手，兩者分拆是早晚的事：「芯片行業向來就兩個流派，一個是純粹代工，像台積電、飛利普和 SONY，代工行業會知道客戶機密，而台積電的特性就是能替客戶保密。另一種就像英特爾，既作代工，也作設計。設計和代工行業本質上就具有分拆的特性。就像三星，芯片代工不太做得起來，就是因為它既做芯片設計，也做代工。而華為也是如此，結構上導致兩者最終需要分家。台積電也在美國設廠，就把高通的訂單在美國製造，確保美國的技術不會流到中國去。」在中美科技戰裏，台積電更向歐美產業鏈靠攏，斷供華為海思芯片也就不難理解，而從華為流失的訂單，基本上從華為向聯發科的一億二千萬顆訂單補回。

台積電與三星是美資？

世界上最大的兩個芯片代工企業就屬台積電和三星，而兩者最大的股東都來自美國。這常常引起人們猜疑，指美國政府能夠通過股權影響公司決策。台積電有 20.54% 的股權由「花旗託管台積電存託憑證專戶」握有，而三星電子有 55% 的股權由外國投資者擁有，而當中主要是美國華爾街的基金。因

此，說兩家公司最大的股東就是美國資本，毫無疑義，但華爾街利益和政黨的政治利益卻未必一致，而且美國資本在這看似龐大的股權結構中高度分散，沒有一家基金能握有決定性多數。

握有台積電最多股權的「花旗託管台積電存託憑證專戶」，當中還包括非常分散的美股投資者，而且來自世界各地，花旗只是台積電在美國發行股票的存券銀行，並不是台積電的大股東。徐家健說：「花旗替哪些人持有台積電的股權仍是未知之數，而股票行使權在花旗手上，因此對台積電有多大影響仍要打上很多的問號。」

至於三星電子的股權結構，普通股中 18% 由李健熙家族以各種形式持有，52% 由外國資本持有，這當中更有 80% 由美國華爾街資本控制，包括華爾街的摩根大通等金融機構。但這些外國投資者總數近三千家，每個機構持有的股數都微乎其微，當中最大的是沙特主權財富基金（2.7%），美國政府很難通過美資股東控制三星電子，但三星電子很大程度上在為美國資本服務。

中芯國際難滿足華為

現時台積電仍然能為聯發科生產芯片，繼而轉售予華為，而三星已表明拒絕替華為代工。因此在國外購入無門的情形下，國產芯片已經被提到議事日程上，而中國芯片生產的巨頭就非中芯國際莫屬。中芯國際由張汝京從台積電出走，到上海創立至今已近二十年，近年還有台積電「叛將」梁孟松帶

領，前兩年攻克 14 納米製程的量產（最近則能生產 7 納米製程，但仍未能量產，不良率高）。然而台積電現時在芯片生產上已能做到 5 納米製程的量產，到 2022 年更能和三星同時進入 3 納米製程，領先中芯足足有兩代距離（之間有 7 納米、10 納米兩代），大約六年的差距。

中國國家集成電路基金與上海集成電路基金在 2020 年 5 月分別向中芯國際旗下的中芯南方增資 15 億美元、7.5 億美元。日經新聞曾報道，2019-2020 年，中國半導體廠泉芯（濟南）及武漢弘芯已挖角台積電百餘名資深工程師和經理。而台積電 8 月 12 日表示，員工是台積電最重要的資產，公司近年的年度離職率一直在 5% 以下。在國家大力投入之下，中芯國際仍與台積電有相當大距離，芯片不良率仍然甚高。根據 2020 年的數據，28 納米的 HKMG 製程不良率在 2018 年仍高達到 40%。在 2019 年，28 納米製程佔業務收入比例甚低，沒有超過 10%，仍然處於虧蝕狀態。90 納米製程仍佔收入 50.7%，65 納米、55 納米製程則佔 27.3%，40 納米以下則僅佔 22%，在高階芯片上仍難與台積電、三星爭鋒。這意味着華為的手機芯片，尤其是 5G 芯片仍必須仰賴台積電，在三星表明拒絕代工的情況下，只能通過聯發科或其他非美資芯片企業設計，再給予台積電代工，迂迴地購入台積電芯片。

荷蘭光刻機壟斷

現時華為、中芯國際所需光刻機仍需要依賴荷蘭的艾司摩爾（ASML），國產光刻機仍然難以滿足華為、中芯的需

求。光刻機是芯片代工生產必備要素，但相關技術一直被荷蘭的艾司摩爾公司壟斷。自 2000 年代初，艾司摩爾通過與台積電合作，以台積電前研發副總經理林本堅的浸潤式微影技術（Immersion Lithography）為藍本，開發出以水為介質的第一代浸潤式光刻技術，因此擊敗日本的尼康（Nikon）、佳能（Cannon）以及美國 IBM 等公司，開啟制霸光刻機市場之路。兩家企業因此有着唇齒相依關係，艾司摩爾優先供應光刻機予台積電。按銷售金額計算，艾司摩爾已佔領全球 89% 的市場，在全球幾近無敵手，日本的尼康、佳能則分掉剩下的 11% 市場，台積電、三星電子最先進的 5 納米製程也仰賴艾司摩爾的光刻機供應。

ASML 暫時沒有斷供華為、中芯國際，但在 2019 年美國國務卿蓬佩奧訪問遊說後，荷蘭一直扣留出口到中芯國際的光刻機，直到次年 3 月才予以放行，在可預料將來，相關麻煩仍然不絕。上海微電子（SMEE）研製 90 納米製程的國產沉浸式深紫外（DUV）光刻機，花了十七年始告成功。該公司在 2021 年推出 28 納米製程的光刻機，但 2022 年台積電、三星的芯片製程預料已經跨進 3 納米，中國雖然奮力追趕，技術卻始終落後約六年左右。而在中美科技戰格局下，技術引進、交流也比過去困難，要彎道追趕相形之下更加不易。

產業最上游是罩門

電子設計自動化（Electronic Design Automation）可說是芯片產業最上游的一環。EDA 產業規模不大，在 2018 年僅有

97.5 億美元，在近 5000 億美元的芯片產業中如九牛一毛。但 EDA 產業卻是芯片設計不可或缺的一環，目前全球 EDA 前三大廠商分別為新思科技（Synopsys）、益華電腦（Cadence）以及明導國際（Mentor Graphics），三家公司總部皆在美國，前兩個皆是美資公司，明導國際則被德國西門子收購，但總部仍在美國俄勒岡州的威爾森維爾市（Wilsonville）。根據中國國企東興證券研究所的報告，三家企業於 2018 年的全球市佔高達 70%，在中國更是壓倒性，市佔率達 95%，可以說，脫離了這三家公司，中國企業幾近無法設計芯片，首當其衝的就是華為海思。

而在 2019 年 9 月，這三家公司就已經宣佈不再提供技術更新予華為，但既有軟件仍可以使用，亦有機會可以通過迂迴方法獲得技術更新，從而繼續進行芯片設計，因此麒麟 990 芯片、麒麟 985 芯片仍然分別在 2019 年第四季度和 2020 年第一季度發佈。所以在 2020 年 8 月 17 日，美國商務部就擴大對華為的制裁，將「華為雲北京」「華為雲大連」等 38 所公司納入實體清單當中，美國商務部長羅斯言明這是為了防止華為和其子公司透過第三方利用美國技術，以禁止其使用美國軟件或美製設備，而且措施立即生效，並確定不會延長美企向華為供貨的「臨時通用許可證」，對華為海思芯片設計行業可能是莫大挫折。

EDA 是廣義 CAD（電腦輔助設計）的一種，利用 EDA 概念、算法、協定等開始設計電子系統，並從電路設計、性能分析到設計出芯片一手包辦。現時中國的 EDA 行業發展乏力，

中國境內只有 1500 多人從事相關軟件開發，且當中有 1200 人在上述美企三大廠工作，相較美企顯得相當薄弱。要知道光是新思科技（Synopsys）就有五千多人從事 EDA 軟件開發。因此在芯片設計軟件上，華為海思幾近沒有替代方案，唯有購買聯發科等公司設計的芯片作為替代品。

換道超車？彎道翻車？

「摩爾定律」（Moore's law）由英特爾創辦人之一摩爾（Gordon Moore）於 1965 年提出，意指集成電路上可容納的電晶體數目，每隔十八個月會增加一倍，性能也將提升一倍。然而，近幾年來，由於電晶體尺寸縮小速度趨緩，導致半導體業界對於摩爾定律是否走到盡頭或面臨失效的爭論不斷。

現在的芯片都是以矽為基礎材料，大規模的晶體管集成在芯片上，通過不斷提升和進化生產工藝，集成更多晶體管，提升芯片性能。目前的芯片工藝製程已發展到 5 納米，再發展就是 3 納米、1 納米，按台積電、三星的技術開發規劃，預料到 2024 年就能達到 1 納米的量產，之後或能達到 0.5 納米，最遲在 2030 年就達到。而矽原子的直徑是 0.22 納米，按現時理論看，矽芯片無法往 0.5 納米以下再突破。台積電研發負責人、技術研究副總經理黃漢森（Philip Wong）就曾說：「透過納米碳管、二維層狀材料等新技術，可使電晶體速度變得更快、體積更小。」意味着在未來芯片技術的走向與材料的換軌有關，以期達到 0.5 納米以下製程，或更高的效率。

然而，芯片材料的換代意味着中國有換道超車的機會

嗎？還是彎道翻車的戰場？

目前，在碳基半導體技術的研究上，中國科學院院士、北京大學教授彭練矛帶領的團隊可在國際上爭一日之長短。在2020年5月《科學》期刊上，彭練矛和張志勇帶領的團隊就發表論文，解決了長期困擾碳基半導體材料製備的瓶頸，如材料的純度、密度與面積問題。彭練矛研究相關課題已經有二十年，是國際上起步較早的團隊之一。彭練矛對相關技術應用表示相當樂觀，在2020年8月16日的「碳基材料與資訊器件研討會」上就提出：「相比傳統的矽基技術，新一代的碳基電子及其信息器件具有更優異的性能及應用前景。」

碳納米管問題在決心

彭練矛認為：「碳納米管的製造乃至商用，面臨最大的問題還是決心——國家的決心。若國家拿出支持傳統集成電路技術的支持力度，加上產業界全力支持，三至五年應當能有商業碳基芯片出現，十年以內碳基芯片開始進入高端、主流應用。」

儘管如此，相關技術還是處於科研階段，由實驗室環境變成量產的產業，還要經過效率提升、不良率下降、符合成本效益等重重過程。財經作家張殿文就表示：「日韓貿易大戰時，日本斷了韓國芯片的料，而中國在材料方面幾近完全沒有發言權。」事實上，佈局次代芯片材料的團隊、企業非只有中國，日本向來在半導體材料具有領先地位。第一代半導體材料包括鍺和矽，也就是現在的階段；第二代半導體材料則包括砷化鎵

以及磷化銦，主要應用在通訊產業以及照明產業；而第三代半導體以碳化矽以及氮化鎵為代表，可應用在更高階的高功率器件以及高頻通訊器件領域。在現時高新科技的發展格局中，碳化矽（SiC）及氮化鎵（GaN）受到的關注更多。

「碳化矽」日韓台領先

在相關領域，日本信越和日本勝高是市場上的霸主，現時的矽芯片原料供應商當中，日本信越就佔了 31%，次席則是日本勝高，佔 28%，第三位則是台灣的環球晶，達 18%，三者相加就達到 77%。至於漸成討論焦點的碳化矽，截至 2020 年為止，生產商主要是韓國的 SK Siltronic、日本的新日鐵住金、台灣的環球晶，仍沒有中國大陸公司上榜。

由此可見，中國碳基芯片恐怕在未來十數年都無法推出市場，成為具有競爭力的產品。目前第三代半導體材料的應用尚且在起步階段，更遑論是處於科研究階段的碳基半導體。但可以肯定的是，在中美科技戰中，中國會投入更多的資源，支持國產芯片產業，若中美維持鬥而不破的格局，則居間的韓國、台灣仍能在科技戰格局中得益，成為在全球疫情哀鴻、中美混戰裏得益的「第三者」。

香港如何抓緊機遇

在中美科技戰全面開打之際，短期的實際得益者就是韓國和台灣，甚至是日本（台積電於 2021 年 11 月已經宣佈在日本熊本設廠，開發人工智能專用的芯片），因為它們搶走了美國

的訂單，這點恐怕香港也無法介入。但是如果觀察事件的長期影響，勢必將中國推向產業自主、科技自主的道路。因為中美之間的問題不會一朝一夕就解決，所以恐怕會是一場漫長的科技「持久戰」。

但是這場「持久戰」的終點是光明的，因為中國一旦在十年以後能夠成功攻克上述的技術關卡，國內內需市場恐怕大得令人沒法想像，從新能源汽車到人工智能等等，中國的「第五次工業化」會對芯片有巨大的需求。

如果這個對未來十年的判斷沒有錯的話，那麼香港的位置應是：一、為中國技術自主的道路集資；二、努力打破地緣政治（新冷戰）的制約而促成兩派陣營之間更多國家和公司和中國進行技術交流。兩者如果能夠成功，中國內地和香港投資者獲得的利潤將會是十分巨大的。

香港在面臨世界科技戰之時應該要有一種自覺，就是美國全面打壓中國背後的原因正正就是因為美國害怕中國比美國更快的完成「第五次工業化」，如在 5G 和人工智能這樣的科技領域暫時還是中國領先美國（如先前就有美國軍人公開表示美國在人工智能領域已經落後於中國，因而選擇退役以示抗議）。

美國對中國的芯片制裁雖然出手夠狠，但正正是因為核心技術優勢受到威脅所以才狠下殺着，香港如果能看得清整個棋局的形勢而主動幫助國家清除資金和技術上的障礙，在幫助中國走向技術自主的成功路上一定也會得益不少。

要達成這一點，恐怕無法透過市場的「隱形之手」去做

到。而是需要政府和校企合作交流，並運用因勢利導的產業政策思維。彙聚香港人才，結合香港資金，和內地更緊密地交流技術上的關鍵點，這樣才能在美國發動的不合理的科技封鎖戰之中突圍而出。

　　中國內地正在準備經歷一場全面改造社會和解放生產力的科技革命，香港不能再以老思維（盲目相信自由市場）行事，而是需要配合大形勢發展的持久產業政策，那麼香港才能趕得上內地正在發生的產業革命。那麼在這場科技戰之中，得益的就不只是日、韓、台，香港也可以有一席位。

　　從區域的角度來說，美國採用保護主義的貿易政策其實就是等於封鎖了自己企業的利潤，而這個利潤不只是錢的問題，更加是隨之而來的技術優勢等等。恰恰這個時候，數家與美國高通公司競爭的芯片企業也都是亞洲公司。如果我們能從亞洲區域共同走向高科技社會的角度來看，如果我們可以設想終有一天中國市場對日、韓、台的吸引力比美國市場更大，從而打破冷戰形成的區域分斷制約，那麼，未來亞洲的科研地位將指日可待。因此，香港應該更清醒地反思自己在未來的這個圖景中的定位。

第二章

東北亞

導讀

　　東北亞從地理概念上包括了中國、日本、朝鮮半島、蒙古以及俄羅斯的遠東地區，除了俄羅斯和蒙古以外，都屬於「漢字文化圈」，受中國傳統文化影響至深。同樣地，東北亞在現代化的過程裏，都遭受了殖民主義和帝國主義的影響，其中日本在「明治維新」後已位居列強，韓國和台灣地區更在二戰後成為現代化、工業化較為迅猛的區域，與香港的經濟發展軌跡較為類近。

　　日本和韓國更在整個亞洲以至全世界，都掀起了流行文化的風暴，位處亞洲軟實力，甚至世界軟實力的舞台中央。在風光背後，他們和香港都分享着共同的冷戰、內戰記憶。本章涉及日本、韓國以及台灣地區在現代化進程中的血淚史，分析這段歷史如何形塑今日的狀況，以及他們面對冷戰、內戰、殖民性、現代性的反思。

　　香港以「一國兩制」模式和平回到國家懷抱，但經歷二十五年的回歸歲月，都沒有系統性地檢點英治時期的遺產，我們或許能在東北亞鄰居身上，找到一些啟示。

2.1 台灣迷途的轉型正義 「真相與和解」幻滅之路

◎ 黃宇翔

　　「二・二八」事件過去了七十四年，2021 年並非華人特別重視的逢「五」逢「十」紀念，但在台灣藍、綠對抗緊張，尤其是蔡英文執政後「國安五法」訂立，假「防衛型民主」之名的政治低氣壓在台灣上空盤旋，使「二・二八」事件的輿論場活躍非常。作家楊渡在臉書上近來則每天連載關於「二・二八」事件的文章，前總統馬英九出席「二・二八」紀念活動被台獨組織「台盟」杯葛，凡此種種，說明了「二・二八」仍然在台灣人心中難以釋懷，國際普遍標榜「轉型正義」的要義──「真相與和解」至今仍難以在台灣落實，「二・二八」的「真相」為各種有政治目的的謊言掩蓋；「和解」則是有意地隱去不提。隨着年月過去，「鬥爭與清算」反而成為民進黨主導「轉型正義」的重心。

台灣對香港的啟示

　　對於香港人來說，台灣的民主化之路別具意義，曾經在許多人心中，台灣民主化、「轉型正義」就像是香港的未來。但

「轉型正義」有台灣的水土不服，引起嚴重的社會撕裂，也代表了「轉型正義」的應許之地很難達到，即便照辦煮碗抄了過來，恐怕也像台灣一樣，難以帶來「真相與和解」，帶來的恐怕更多是「鬥爭與清算」。

更何況，香港如今不太可能走上類似台灣的政治轉型之路。「轉型正義」之路的前提沒有了，台灣「轉型正義」的後遺症就慢慢暴露，值得香港人深思，哪一條才是更好的路。在2019年香港反修例風暴前後，曾有不少人主張香港應設立類似「真相與和解委員會」的「獨立調查委員會」，以彌補社會傷痕。但這種討論經常「去歷史化」，即便是南非模式，近年也爆發了許多後遺症。台灣是最新近的例子，也值得這些人思考：當「真相與和解」不僅是價值追求，而變成制度建設時，會遇上哪些無情現實？

台灣促轉會「東廠化」

《促進轉型正義條例》於2017年通過，並在2018年正式成立「促進轉型正義委員會」。這些年過去了，台灣是變得更團結，放下仇恨，人與人能相擁着說「我們有了真相，有了和解」？還是變得更加撕裂，鬥爭與清算無日無之，人人自危，私下耳語着「今天他被『查水錶』，明天會不會輪到我」？以上問題，相信所有台灣人都有沉重的答案。促轉會「東廠」的名號深入民心，更可笑的是，「東廠」之名並非出自國民黨喉舌，而是出自促轉會副主委張天欽之口，「鬼拍後尾枕」，自己招認。哲學家尼采曾說：「當你凝視深淵，深淵也凝視着你。」

如今，自詡與威權戰鬥的民進黨政權卻漸漸步上國民黨後塵。

「轉型正義」的應許之地（The Promised Land）是帶來「真相與和解」，將被污名化的人平反，將加害者的罪孽算清，在既有的人道災難之下，作出補救，帶來「修復式正義」。曾為台灣民主、自由浴血奮戰的施明德也在 2018 年說：「轉型正義的宗旨是在和解，不是鬥爭。和解是台灣唯一的路！恨是心牢，有恨的人不會快樂，有恨的國家沒有未來。」

台灣的「轉型正義」也非自民進黨執政開始，國立政治大學教授、曾在民主進步黨任職文宣部主任的陳芳明也承認，國民黨政府在 80 年代已開始了民主化，最晚在 90 年代開始對「二·二八」事件道歉、賠償。長風文教基金會董事長、曾任台灣大學政治學教授的江宜樺就說：「威權政黨（國民黨）本身是在喪失政權之前，就已經開始從事轉型正義的工作了。這一點與其他國家比起來，也顯得相當特殊。」

在台灣談「轉型正義」決不能離開台灣「民主轉型」的脈絡。陳芳明也說：「民進黨絕對不是革命政權，而是以爭取選票的方式繼承國民黨的法統。」「民進黨並不是『推翻』國民黨，而是『繼承』國民黨而取得權力。民進黨的合法性不是自我形塑的，而是經過國民黨政府的加持。」若由始至終，民進黨都為選票操作選票，不願承認國民黨對台灣的歷史貢獻，不正視中華民國法統，不接受與國民黨和解，那麼台灣的「轉型正義」就永遠無法到來。民進黨操作的「轉型正義」神話被戳穿的一天，說謊的人也會付出沉重代價。

被誤讀的轉型正義

「轉型正義」（Transitional Justice）是個舶來品，必須回歸到原本的脈絡，才能理解轉型正義的真實意義。國際轉型正義中心（ICTJ）的創立成員畢克佛德（Louis Bickford）就說轉型正義是「一個原先不民主的社會，如何處理過去所發生的人權侵犯、集體暴行、或其他形式的巨大社會傷痛，以建立一個比較民主、正義、和平的未來」。可見轉型正義是從威權社會轉型為民主社會後，彌補社會傷痛的過程，而目的是達到社會的民主、正義、和平，這才能被稱為「轉型正義」。

國際上常說的轉型正義有兩種模式：一是二戰後的「德國模式」，通過紐倫堡大審判清洗納粹黨，繼而建立以憲法為武器的民主的防禦機制「防衛型民主」（Defensive Democracy），防範極權、威權的復臨；二是南非的「真相與和解委員會」模式，和「德國模式」不同，南非的「民主轉型」並非單純由威權轉變到民主社會，也包括了「去殖民地化」，包括了對殖民者及其幫兇的清算。「真相與和解」模式核心精神在於「以真相換取和解」，這也是現今轉型正義的一個主流，也在台灣鄰近的東南亞各國經常被使用。很遺憾地，蔡英文在 2016 年的就職演說曾承諾要在總統府之下成立「真相與和解委員會」，但時至今日仍未有結果，達至社會的「修復式正義」仍遙遙無期。

要談「轉型正義」，自然要談「二・二八」事件中國民黨的過錯，如此始能給予恰當的聲討、平反、反思。經過數十年長足研究，其性質已經比較明確：年份在 1947，導火線是

緝捕私煙的警察暴力執法，打傷販賣私煙的四十歲寡婦林江邁，繼而引起眾怒，觸發大規模示威，造成一死一傷。3月1日起，演化成全島性的反抗政府事件，即影響台灣社會至深的「二・二八」事件。長年關注「二・二八」的作家藍博洲也曾說：「理解『二・二八』顯然不能忽略作為人民民主運動主流的日據以來的台灣左翼運動。」

　　究其根本，是國民政府在南京搞「五子登科」的餘緒延至台灣，管治腐敗無能，時任台灣省政府主席陳儀帶頭囤積米糧，甚至強行徵收民間餘糧，致使民怨四起，帶來嚴重的階級矛盾，使熱盼回歸祖國的台灣人民寒心。這都是事實，卻無涉省籍身份矛盾，更無關「台獨」。「二・二八」本質上是國共內戰的延續，國民黨的清洗、鎮壓主要是為清共、剿共，旨在將中國共產黨台灣工委的勢力根除。台灣工委的線人、關連者們自然也成為「白色恐怖」的受難者。「二・二八」事件中反抗最劇烈者多半也具有中共背景，例如台中抵抗最久的「二七部隊」領導者謝雪紅、台灣自治聯軍的張志忠、許分等人都是中共黨員，更不用說中共的台灣省委書記蔡孝乾，日後投靠國民黨，官拜少將。有了他的協助，國民黨才能抓捕更多人民，將整個日殖時期的共產黨網絡一網打盡。至於受難者，例如出身麻豆林家的林書揚、2019年過世的陳明忠都是「左統」派人物。即便不是左統，不少受難者也懷有社會主義的改良理想。

　　藍博洲也說：「那些參與『二・二八』鬥爭而倖存的台灣青年，大多經歷過熱烈迎接台灣的光復，到對陳儀接收體制的腐敗和獨佔忿然抗議，繼之投入1947年2月的人民蜂起，再

經蜂起全面潰敗的絕望、幻滅與苦悶，然後在當時全面內戰的中國的激烈的歷史中，找到新的民族身份認同的思想歷程。」

「二‧二八事件」死傷人數眾說紛紜，由一千到數萬人不等，但可以肯定的是死傷者既有外省人，也有本省人。涉事的既有外省的加害者「高雄屠夫」彭孟緝，但也有外省人財政處長嚴家淦被本省暴動民眾追打，而被霧峰林家族長林獻堂所救的感人故事。事件中更有許多外省人被本省人救助，或與之相反，本省人為外省人所救的故事。

歸根究柢，「二‧二八」及其後的白色恐怖還是國共內戰和當時世界上美蘇兩大集團「冷戰」的結果，被譽為「台灣魯迅」的作家陳映真在 1987 年的《人間》雜誌「二‧二八」專輯《啊！台中的風雷》就寫到：「這些原因的背後，其實還有世界和中國現代史的原因，那就是 19 世紀以來東西帝國主義對中國的侵凌；是日清戰爭和第二次中日戰爭⋯國府固然要為『二‧二八』和其他動亂『負責』，但在現實上，只說清廷或國府該不該對近代中國內外交煎的苦難負責，恐怕不足以全域性地討論問題了。」拋開歷史脈絡談轉型正義，能帶來真正的歷史反思嗎？

去污名化變成新污名化

「轉型正義」的要義之一在於將受難者「去污名化」，將其「匪諜」的稱號去除，並加以平反。尷尬的是，民進黨政權在 2020 年通過修訂《國安五法》《反滲透法》，旨在打壓異見分子，主張「一國兩制統一」的新黨發言人王炳忠就曾在 2017

年因涉及違反所謂《國家安全法》被捕，將「提防匪諜」「反共救國」的白色恐怖思維復辟。

在「二・二八」事件的平反問題上更出現尷尬的情境，拿到政府賠償金的「受難者」名單中，有三十多個名字與西山無名英雄廣場的名字完全一樣。而就「泰源事件五烈士」，施明德也批判促轉會：「中國在北京西山無名英雄紀念碑上，把真正為台灣獨立浴血而亡的江炳興等五位先生奉為烈士英雄紀念，你們還有臉斥責中國！？民進黨政府不禮敬他們，竟還敢調侃中國禮拜他們！為政治效勞到如此低級，這又是一個什麼獨立機構？」

台灣文史工作者倧宗懋也曾撰文〈轉型正義空忙一場〉，指出台灣轉型正義的矛盾：「轉型正義必須釐清，如果被槍斃和監禁的人是冤枉的，或僅是因言賈禍，當然要平反和賠償。但如果貨真價實的共產黨員和外圍組織分子也被界定為政治迫害，便產生立即的疑問，今天何必抓共諜呢？」

又要為當年參與「二・二八」事件死難的共產黨員平反，以共產黨的鮮血作為民進黨政權的基石；執政之後，又要急不及待地標榜「反共救國」「提防匪諜，人人有責」，就像患上了「精神分裂症」一樣。

「二・二八」事件六十週年紀念之際，立場傾向台獨的陳芳明也忍不住在〈轉型正義與台灣歷史〉一文裏寫到：「台灣民主運動並不濫觴於黨外運動。1950 年代以降，就有無數的地方領袖與鄉紳以無黨無派身份投入選舉運動，卻因此遭到國民黨的誣衊，判刑的判刑、入獄的入獄……然而，其中除了

少數幾位被視為歷史明星之外，其他先驅早已被民進黨劃入遺忘的行列。建立在這樣的歷史失憶症之上。民進黨刻意把自己形塑成為民主運動僅有的奉獻者。事實上，即使是歷史明星如余登發與黃信介，也漸漸遭到追逐權力的民進黨淡忘。」

民進黨只有鬥爭與清算

綜觀台灣蔡英文政權數年來「轉型正義」的成果，可以說只有五個字——「鬥爭與清算」——與南非「轉型正義」的「真相與和解」相映成諷。蔡英文執政以來，對國民黨進行黨產清算，推出《政黨及其附隨組織不當取得財產處理條例》。誠然，像江宜樺所說：「國民黨的黨產必須以符合正義原則的方式處理，這是絕大多數公民的共識。」通過公權力巧取豪奪的民間財產自然應當通過合法、正義的程序加以處理，並歸還人民。

據世新大學教授李筱峰統計，國民黨不當黨產來源包括接收日產、無償贈予廉價買進、強佔公地、黨營事業憑藉特權取得利益等，這無疑都是不當黨產。然而，歷史沒有那麼容易的截然二分，黨產、國產在「黨國體制」期間是二合為一的，在民主化的今天也並不容易處理。曾任中國國民黨主席的洪秀柱就曾指國民黨運來台灣的黃金與故宮國寶都是國民黨的黨產，那麼「到底是國民黨欠中華民國多，還是中華民國欠中國國民黨多？」洪秀柱無疑是犯了民主化後「黨」「國」不分的錯誤，但這種說法卻得到相當支持，這到底也反映了民意對於將國民黨對台灣的貢獻一筆抹殺，不完全持肯定態度。漸漸積

累的「中華民國」的「亡國感」也成為 2018 年縣市選舉時「韓國瑜現象」以及一度熱鬧的「趙少康回歸」得到相當支持的原因。

除了黨產問題，民進黨對待異己的態度也教人震驚，例如因為「反萊豬」問題，對同為戰友的高雄榮民總醫院台南分院前主治醫師蘇偉碩「查水錶」。前民進黨代理主席張俊宏也深有所感，認為「今日的司法看似開放，卻仍有人一次又一次受到恐龍法官的無盡凌虐」，讓他感到憂慮，也感嘆台灣歷經幾次政黨輪替，卻迎來了一個「新的舊時代」。他不忍心看着台灣人民還要再次走上自己曾走過的路，擔憂未來台灣人還得像過去一樣受軍事審判、坐牢。

檢點民進黨政權過去五年所推動的「轉型正義」，不單沒有帶來「修復式正義」，反而是帶來「撕裂式邪惡」，用「鬥爭與追殺」代替「真相與和解」。

綜觀全世界的民主化進程，「轉型正義」都不容易，要走的路很長。走得相對成功的，其精神不外乎「真相與和解」，朝野之間對歷史具有一定程度的「妥協」「折衷」，否則以殺止殺、以恨止恨，冤冤相報，無時可了。研究轉型正義的台灣政治大學政治系教授葉浩也曾撰文指，「所謂的妥協，絕非模稜兩可或似是而非，或故意把話講不清楚的高來高去手段……」「轉型正義的『正義』指的其實是妥協結果的適當與否……」

「妥協」的結果適當與否自然是指雙方對於台灣的歷史進程、民主轉型是否具有類近的認識。國民黨經過多次選舉洗禮，已然接受民主作為政治、生活的規則。反觀民進黨，是

否接受了繼承「中華民國法統」，部分地承認、繼承國民黨對台灣造成的建設成果呢？從蔡英文的「中華民國台灣」論裏，不難看出其閃爍其詞、刻意迴避的態度，而她在「軍公教大遊行」裏，甚至說出「沒有必要就不要常常走街頭」的言論，其心中的民主素養讓人打了很多的問號。

江宜樺在研究轉型正義時，便援引過轉型正義學者 Juan E. Mendez 的言論：「轉型正義既不能全盤抹煞，也不能期待全盤落實。」也就是說將司法正義進行到底、將當年白色恐怖的肇事者國民黨完全消滅，首先在政治上不可行，其次也會讓社會付出沉重的撕裂代價，社會可能無法承受這種「消毒式」的純淨化運動。

陳芳明也認為民進黨要完成轉型正義，必須先反求諸己：「執政者還未到達正義的原則之前，任何有關轉型正義的處理，如果不是早熟，便是早夭。更重要的是，轉型正義建立的目的並非只是譴責或懲罰過去的歷史，還應該進一步尋求社會內部的和解。」民進黨兩度執政以來，先不論前「總統」陳水扁的嚴重貪腐問題，現任「總統」蔡英文任人唯親，任命表姐夫吳明鴻為最高行政法院院長，甚至運用國家財政預算養自家的綠營「網軍」，這一切都讓我們看到「黨國不分」的熟悉感。

去殖民地化的重要性

歷史不能徹底完美，也正如「轉型正義」不能只談反威權，而忽視了「去殖民地化」的重要性。台灣歷史的巨大不公

平不光存在於威權主義年代，也存在於日殖時期。當年附隨於日殖體制的幫兇，例如著名的鹿港辜家，其依附日殖體制獲得了巨大財富，難道也要作出「清算」嗎？事實上，在日殖體制下固然有受益者，但站在人道立場上，也需要體諒刺刀下的威脅，不能奢望人人寧願犧牲性命，也不過安穩的生活。對他者痛苦的理解，是社會和解的基石，也是轉型正義的根本。

當我們還相信台灣需要和平與愛，不願意讓枯萎的人心對他者無情，那麼台灣人還需要擁抱多一分的「修復式正義」，對「撕裂式邪惡」多一分譴責。台灣的未來必須堅持民主轉型，也不能拋棄中華民國的法統，否則社會撕裂無日無之，重建社會的信心、人民的和解也遙遙無期。

歷史總會有正義到來，但正義永遠都會遲到，到來的時刻也往往不是原來的模樣。逝者如斯，對於死難者，如今的人也只能盡力作出補償而已，正如德國哲學家康德的名言所說：「人性本是扭曲的素材，不能從中產生直截的事物。」要達到社會和解，需要的不是明顯二分，不能單單視某黨、某人為萬惡的對手，也不能視某些人為完全聖潔的人物。君子取中道，常在兩端間。陳芳明就主張以「共業」史觀處理轉型正義：「探討轉型正義必須回歸歷史傳承、尤其是漸進改革的過程，談正義不能單方面；台灣白色恐怖案件的受害者已不在民進黨內，加害者也不全然都在國民黨內。」

後現代史學大師海登・懷特（Hayden White）就曾說：「人們不僅有面對現在和將來時做出選擇的自由，在面對過去和歷史實在時，人們也有選擇的自由。唯有人們能夠自由地構想歷

史，過去才不再是人們的重負，現在和將來也才可能真正向人們自由選擇敞開。」唯有卸下歷史的重擔，才能真正坦然地走向未來。

民進黨人在 80-90 年代策劃「二‧二八和平紀念會」，提出了「和平、寬容、團結、平反和賠償」這些口號。時至今日，民進黨還記得那顆曾經熾熱的赤誠之心嗎？對於香港人來說，台灣民主化、「轉型正義」的歷史經驗，也正正是一個良好的教訓，讓我們思考追求正義的時候，別忘記良好的祝願，也有可能帶來更悲慘的後果。

2.2 「二・二八」歷史真相被扭曲 藍博洲批民進黨史觀

◎ 受訪者：藍博洲

◎ 採訪者：黃杰

藍博洲小檔案

　　藍博洲，生於 1960 年，台灣苗栗縣西湖鄉客家人，台灣著名作家、「二・二八」最早研究者之一，曾任夏潮聯合會會長。本科畢業於輔仁大學法語系。後任職陳映真創立的《人間》雜誌的記者，期間開始採訪、鉤沉「二・二八事件」的真相，後成為報告文學作家。成名作包括《幌馬車之歌》《青春戰鬥曲：「二・二八」之後的台北學運》等。多年來專注台灣 20 世紀早期歷史研究、寫作。

引言

　　「二・二八」的問題今天被台獨派化約成為簡單的「省籍矛盾」，企圖透過對歷史事件的詮釋來推動反中或是去中國化的意識。但是在以下的訪問之中，藍博洲解釋，其實當時的民眾和有識之士是企圖建立自由民主的台灣，而非排斥外省人。「二・二八」之後引申出來的文壇論戰更確立了雙方的民族意識，確立台灣文學始終是中國文學的戰鬥的分支等共

識。無奈於 1950 年美國介入台灣事務以後，那些嚮往解放台灣的聲音被殘忍的白色恐怖肅清，冷戰之下的暴力手段更加強化了台獨派的今天論述，真正的「轉型正義」遙遙無期。

問：如今，「二‧二八事件」的起因被台派廣泛化約為省籍矛盾，這個說法與歷史真相吻合嗎？

藍：如果這個說法就是歷史真相，應該就沒什麼好說了，你也不會提出這個問題。你既然提了，那就意味着不認為它吻合歷史真相。那麼，歷史真相是什麼呢？首先，人們必須知道的是「二‧二八事件」的實態及其處理，然後是關於它的論述發展。顯然這不是一次簡短的訪談能夠說清楚的，因為它是夾雜着現實政治鬥爭的複雜而簡單的歷史問題。

從現象面簡單說，它起於 1947 年 2 月 27 日晚上在台北街頭爆發的警民衝突，隨即蔓延北、中、南部幾處主要城市，相繼出現民眾武力接收行政機關、攻打軍事據點的戰鬥局面，從而驚動南京國民政府派兵鎮壓與清鄉，前後數週。

鬥爭在兩條戰線同時展開，一條是以省參議員王添燈為代表的「二‧二八事件」處理委員會的文鬥，具體體現於宣傳組長王添燈與「對策委員會」綜合討論後草擬的三十二條《處理大綱》，其中包括「對目前的處理」七條，「根本處理」二十五條（包括軍事方面五條、政治方面二十條）。總的來說包括反對在台灣徵兵，反對使台灣陷入內戰漩渦，制定省自治法

為本省政治最高規範,地方首長實施民選,省府各級警政官僚由本省人充任,以及言論、出版、罷工、集會、結社自由等民主、自治的具體要求。

另一條是武裝鬥爭:主要是中共台灣地下黨武裝部長張志忠領導的在雲嘉南地區戰鬥的自治聯軍,張志忠指導、以老台共謝雪紅為首在台中地區戰鬥的二七部隊(民主聯軍),以及中共地下黨人李中志、郭琇琮、陳炳基等領導指揮的未能落實的台北地區青年學生的武裝起義。

一句話,「二‧二八事件」文武兩條戰線要求民主與自治的主張是一致的。這也就說明所謂「省籍矛盾」並不是「二‧二八事件」的起因。也因此,同年 11 月 12 日,參與「二‧二八」鬥爭而流亡的謝雪紅等人在香港成立的反蔣愛國統一戰線——台灣民主自治同盟,強調的還是民主與自治。

問:那「二‧二八」對民族的統一性有甚麼影響?

藍:沒錯,事變的鎮壓,讓台灣民眾對中國和民族事務一度產生了挫傷、抑忿、幻滅、噤默與離心,更埋下死傷者家屬內心難解的怨悱,並且長期傷害了台灣內部的民族團結。例如,「台獨祖師爺」廖文毅,在台灣光復時發現「民族精神的振興」「國土重圓」「家人再集」與「統一的國家和政府」等四個事實,同時希望並努力要在第二年慶祝雙十節時讓台灣同胞的「內心和外觀」「都能完全還到祖國」,「鄉土也已經完全的受着祖國的風氣」,讓「台灣和大陸純全的融合變成一體」。然

而，在美國的陰謀支持下，他和那個曾經譜寫《台灣光復詞》謳歌祖國與光復的弟弟廖文奎，卻在香港搞了鼓吹台灣脫離祖國的所謂「託管運動」。

省籍的「隔閡」當然是存在的。但是，台灣社會的主流輿論並沒有因此就否定祖國。有識之士，如葉榮鐘，憂心「茫茫恨海幾時填」而呼籲「莫因慘史疑光復」。再如以楊逵為代表的本省籍人士（包括後來搞「台獨」的彭明敏）與省外知識分子雷石榆（「二‧二八事件」後與台灣現代舞先驅蔡瑞月結婚生子）等，為了跨越「二‧二八事件」所造成的省籍鴻溝，加強省內外作家和文化人的團結等問題，在外省人主編的省府《台灣新生報》「橋」副刊，展開長達三年關於台灣新文學建設等重要議題的討論，確立台灣文學始終是中國文學的戰鬥的分支等共識，呼籲在台灣的文藝工作者應該不分省內省外，在全國人民反內戰、要和平的民主化運動浪潮中深入社會生活與人民群眾，創造反映時代動向，人民所需要的具有戰鬥的內容、民族風格與形式的新文學，作為人民戰鬥的力量，為和平、團結和民主而奮鬥。1949 年 1 月 21 日，楊逵與外省籍文化界人士在上海《大公報》刊發了「台灣中部文化界聯誼會宣言」（後來被稱為「和平宣言」），聲稱要通過「省內省外文化界的開誠合作」，「泯滅省內省外無謂的隔閡」，把台灣建設「成為一個和平建設的示範區」，同時提出「消滅所謂獨立以及託管的一切企圖，避免類似事件重演」「實施地方自治」「防止任何戰亂波及本省」等訴求。該宣言大體與「二‧二八事件」處理委員會的三十二條《處理大綱》、台盟以及中共地下黨的

主張與訴求一致，都是在延續「二・二八」人民起義沒有完成的歷史任務。

問：那麼，現在對於「二・二八」論述權的爭奪是怎麼一回事？

藍：從歷史事實來看，我認為，「二・二八事件」所產生的認同問題，事件後的台灣社會主流已經解決了，只是 1950 年的韓戰讓歷史的進程改變了軌道。至於你所謂「二・二八事件」的起因如今被台派廣泛化約為「省籍矛盾」，則有一個歷史解釋的奪權過程。

島內公開紀念「二・二八事件」的起點是解嚴前夕的 1987 年，也就是「二・二八事件」四十週年。島內台獨派政客與文人針對國民黨長期以來政策性掩飾的「共匪陰謀」與「奴化遺毒」論，在共同的反共意識下，假藉「和平日」之名，走上街頭，展開扭曲「二・二八事件」政治訴求為「台灣獨立」的歷史虛構工程，通過把台灣孤島化，建構所謂「外來政權＝國民黨政權＝外省人＝中國人鎮壓台灣人」的「二・二八事件」論，在時代與歷史的真空中策略性地打造「省籍矛盾」史觀，作為現實政治鬥爭的工具，進而厚植台灣民眾的分離主義身份認同。1988 年，在美國的台獨文士更進一步把「二・二八事件」定位成「台灣人的國殤事件」，召喚台灣民眾的悲情意識，強化「去中國」的所謂「台灣人主體意識」。1991 年年初，李登輝指示行政部門組成「『二・二八事件』研究小組」，

開始收編「二・二八事件」為「台灣人的悲情」。

　　1992 年 2 月公佈了《「二・二八事件」研究報告》。1995 年 2 月 28 日當天，李登輝又以「國家元首」的身份「承擔政府所犯的過錯」，向罹難者家屬「道歉」。同年，「二・二八」基金會開始受理申請賠償金的業務。到了 2000 年，政權輪替，陳水扁取消了 10 月 25 日台灣光復節的假日與紀念，「二・二八事件」取而代之，成為法定的「台灣人的國殤日」。2005 年，馬英九當選國民黨主席。翌年起就放棄一直以來「國共內戰」歷史結構下的「二・二八」論述，承認「官逼民反」論，年年代表國民黨或中華民國政府為「二・二八事件」道歉，並表示卸任後還將繼續道歉，不會停止。至此，在「反共共識」下，「台獨」與「獨台」的「二・二八」論合流。「二・二八事件」的歷史面貌更進一步混沌。「和平」結束內戰歷史之日更加遙遙無期。

　　其實早在 1991 年 10 月 10 日，外省籍官員汪彝定在《聯合報》發表的〈痛論省籍情結與「台獨」〉中就寫道：「近來台灣的政治問題，毫無問題是統獨之爭。但事實上這個獨統之爭的背後，卻隱藏着比獨統爭執更深刻的政治和社會問題，那就是省籍情結。假如沒有省籍情結的話，獨立根本是台灣四十年來的政治現實，用不着爭的。事實上已經獨立，卻還要這麼轟轟烈烈地搞獨立運動，除了省籍因素以外，實在很難解釋。」今天來看，這也說明了所謂「省籍矛盾」，或者說「台獨」與「獨台」現象背後的本質都是「反共」。「獨統之爭」是偽命題，權利鬥爭才是事實。

後記

　　從藍博洲以上的回答中我們可以看出，今天在台灣社會上很多的問題都是因為「兩黨政治」這種腐敗的政治制度而產生的種種「為了爭取話語權」而設的「偽命題」，背後其實都是權利或權力的鬥爭。在民主制度中這就意味着選票。

　　其實同樣的問題也可以見於台灣經濟「轉型」的失敗當中。首先，作為半導體先進地區的台灣，其實過往也有很多的國際性科技企業想在台灣成立數據中心的消息，如谷歌 2013 年於彰化彰濱工業園區建設亞洲第三個數據中心（前兩個在新加坡）。

　　但是有些時候台灣還是會在這些跨國企業的選址中落榜，比方說是到了 2019 年，媒體就曾經廣泛報道臉書要在台灣成立首座數據中心。後來臉書選擇放棄台灣，去了新加坡。雖然背後的原因沒有說明，但是從臉書所公佈的數據中心設計還是可知一二。

　　臉書公佈的資料顯示，新建築物將百分之百以再生能源運作，使用最先進的 StatePoint 液冷系統。臉書同時表示，希望做到最大的努力節約用水等等。還有就是臉書青睞新加坡強大的基礎設施及光纖網絡。

　　問題就是，台灣主要能源是火力發電，和臉書的環保理念相衝突。更不堪的是，在台灣當局公佈的離岸風電農場中，有超過八成的電力都由外國公司生產，再由台灣以電力購買條約回購，根本上做不到能源自主，這些都是和新型高科技產業的理念有所衝突的。能源的問題被台灣當局高度政治化，加上近

年又開始頻頻出現停水缺水問題，這些都會令高科技公司感到台灣的營商環境不好。

另一個問題就是台灣的產業結構。中研院社科研究中心的瞿宛文老師所寫的《台灣戰後經濟發展的源起》中提到國民黨白色恐怖統治時期，政府制定長遠的產業政策並輔助這些產業在國際市場上的成功，對今天包括台積電在內的公司有至關重要的作用。

筆者在這裏絕對不是頌揚國民黨白色恐怖時代的好，或是要求回到那個時代，那完全是脫離一切人道主義考慮和人的自由的現實的想法，但是如果我們能夠汲取歷史經驗教訓，制定長遠而且合理的產業發展政策，甚至是更簡單的區域性貿易政策，那自然是百利而無一害的。

特別是在兩岸貿易的問題上，中國大陸有台灣最大的進出口市場，這是不可能迴避的事實。如何增加這方面的穩定性？怎樣和大陸當局進行有誠意的、和平的溝通，而不是在美國單邊發動違反世貿決議的對華貿易戰爭中受到連累？台灣怎麼可以避免觸發國際法律的問題？這些更是需要超越兩黨政治而回歸到以實事求是的態度應對。

2.3 韓國血淚史的另一面
被消失的「保導聯盟」屠殺

◎ 黃宇翔

　　戰爭對於香港人來說非常遙遠，港人的戰爭記憶要追溯到「三年零八個月」的抗戰時期。時至今日，有具體記憶的親歷者多已作古，或到了耄耋之年。但與香港關係很密切的韓國，至今仍在半島戰爭的陰影下，朝韓至今仍是「休戰狀態」，而非「終戰」，戰爭隨時會席地而來。戰爭鑄造了韓國強烈的危機意識，這和號稱「福地」「承平以來數十年」的香港，緊張狀態不可同日而語。韓國這種「準戰時狀態」的心靈狀況就要追溯到七十多年前爆發的韓戰。

　　一場戰爭，對韓國與香港來說，意義差距很遠。長久而來，在教科書與社會輿論的影響下，香港人看待韓戰多以「中國本位」出發，印象停留於「中國擊敗美國」「禦敵國門外」等等的說法。近年香港導演徐克、林超賢和內地導演陳凱歌聯合執導的《長津湖》上、下兩集在商業上大獲成功，更是加深了這種「中國人站起來」的韓戰意識。對於香港這座城市來說，經濟史的說法則是韓戰促成香港經濟轉型：由於美國發動對中國的「貿易禁運」，香港轉口港角色被削弱，因此轉型為

工業城市，作為輕工業基地、「亞洲四小龍」之一的香港，開始實現騰飛。這兩種史觀，顯然對香港都有實際意義，但這背後則是「失語的韓國人」。這場戰爭對韓國人來說是民族分裂，是前所未有的民族災難。或許當香港人更多了解韓戰及當中的民族創傷，會對風光亮麗「韓流」背後的韓國有更多了解。

民族傷口是怎樣造成的

韓戰（1950-1953）是韓民族現代史上最大的傷痛，造成民族長達七十年的分斷。兩韓因為意識形態，戰爭期間針對異見者犯下無數屠殺罪行，其中相當部分歷史在韓國經歷民主化之後，才重見天日。韓戰期間，韓國被白色恐怖籠罩，因為針對親北韓分子、左派，許多無辜國民慘遭屠殺，「濟州四·三事件」前後六年半，屠殺了 25000 至 30000 名居民，佔濟州島人口十分之一。事件比較早得到平反，2003 年，時任總統盧武鉉就為事件致歉，亦有特別法成立的「真相糾明委員會」。更大規模的「國民保導聯盟事件」則屠殺了六萬至二十萬左派或被懷疑是左派的人士。直到 2008 年 1 月，進步派總統盧武鉉卸任前，才為事件致歉，得到官方正式平反。但時至今日，不論是韓國內外，「保導聯盟事件」都沒有受到重視，國內受制於「反共」和「朝鮮因素」影響，對此仍諱莫如深；國外詮釋權則被大國博弈籠罩，韓國人的命運沒有被在意。

但事件訴訟、正義的追討仍未結束，直到 2015 年，韓國大法院（最高法院）首次判決，對「保導聯盟」事件中巨濟

島、昌原市的受難者給予國家賠償。及後訴訟不絕，最新的是針對蔚山四十三個受害家庭的訴訟，法庭宣判國家應予以賠償。時隔七十年，許多經歷「保導聯盟事件」的倖存者家屬，才可以理直氣壯地向國家追討未竟的公義。

華文世界，提起韓戰，多強調其在國際地緣政治中的價值，強調中國以輕步兵與世界頭號強國的對抗，彰顯大國實力，對於韓民族的歷史傷痛則較少着墨。對於韓民族來說，這是永遠的傷痛，是一代人的分斷，過去十數年，每當金剛山兩韓家屬團聚，落淚的場面不斷，更不用說韓戰期間被國家公權力屠殺的數十萬人民和家屬，他們仍舊年復一年尋求公義。韓戰，是韓民族的歷史傷口，除了韓國政府，朝鮮政府以及以聯合國軍名義參戰的美國，同樣在韓國犯下眾多戰爭罪行。

歷史的正義往往遲來，也往往沒有人記得歷史的慘劇。時隔七十年，親歷韓戰的世代基本上都已凋零，即便在韓國國內提起「國民保導聯盟事件」，所知的人亦很少。「移行期正義」（即轉型正義）在韓國的焦點也放在 80 年代的光州事件以及自由民主化的抗爭。七十年前的事，「濟州四‧三事件」也遠比「保導聯盟事件」更廣為人知。首爾大學國際韓國學中心所長朴泰均接受訪談時說：「事件除了受害者家屬以及專家之外，已被多數南韓人所遺忘。」由於《國家保安法》針對親北韓、左派人士，事件在韓國依然諱莫如深，很少被公開討論。即使有韓國左派學者研究，也不願接受記者採訪。韓籍學者、夏威夷大學馬諾阿分校法學院副教授、聯合國「被強迫或非自願失蹤問題工作組」成員白泰雄，曾經是南韓社會主義勞動聯盟

的創辦領袖，因左派政見被指觸犯《國家保安法》，入獄六年多，直到 1998 年才被釋放。他說：「時至今日，社會主義、左翼形態的討論在韓國都被視為禁忌，保導聯盟事件帶來的傷痛仍未完全解決，韓國仍需要切實措施，調查當年對人權的嚴重侵犯。」

被隱沒的「保導聯盟」

　　韓戰期間，韓國李承晚政權主要犯下的戰爭罪行，規模最大的就是「國民保導聯盟事件」（1950 年夏天）、「濟州四・三事件」（1947 年 3 月 1 日至 1954 年 9 月 21 日），其他還有「江華島大屠殺」（1951 年 1 月 6 日至 9 日）、「漢江大橋爆破事件」（1950 年 6 月 28 日）等等，死者由數百至一千不等。

　　「濟州四・三事件」事發地點集中在濟州島上。濟州當地人的平反鬥志較強，還在全斗煥專政時期的 1987 年，濟州大學總學生會就對「四・三事件」舉行首次慰靈祭，之後每年 4 月 3 日，大學都舉行追悼集會。「四・三事件」後，即使有四千餘濟州人流亡到日本，仍心懷故土，竭力為故鄉慘劇爭取平反。1978 年，作家玄基榮所寫的小說《順伊三寸》（或譯作《順伊伯母》），是韓國第一部關於濟州「四・三事件」的小說，在韓國國內被查禁，但日文版在旅日韓僑中廣泛流傳。1988 年 4 月 3 日，仍有在日濟州人於東京 YMCA 舉行紀念集會。相關平反、賠償工作也較順利。2000 年 1 月，金大中政府就通過《「濟州四・三事件」真相究（糾）明與犧牲者名譽恢復特別法》，成立相應委員會，經過兩年調查完成相關報

告書，並由時任總統盧武鉉正式道歉。同樣在 2000 年，韓國政府開始構思建設紀念事件的「濟州四‧三和平公園」，並在 2008 年 3 月 28 日完工。前任韓國總統文在寅亦在 2012 年 4 月 3 日出席在和平公園的追悼儀式，是十五年來，第二位到現場致祭的總統，可見該事件受到進步派的重視。

相較之下，屠殺規模範圍更大、受害人數多幾倍的「國民保（輔）導聯盟事件」則沒有那麼幸運。不同於濟州事件，至今沒有特別法加以處理，更難處理的是，由於案件牽涉敏感的朝鮮問題，沒有受難者家屬願意作證。台灣政治大學講師朱立熙就說：「部分受難者家屬可能擔心作證、提供證據，會受到有反共條文的《國家安全法》懲處，家屬都不太敢出來。」另一方面，由於沒有特別法，當年的主謀沒有法律責任作證，曾任忠清北道「真相與和解委員會」主席的朴文順也曾在 2007 年說：「由於缺乏主謀的證詞，在揭示真相有很多限制。」更殘酷的是，韓戰至今年代久遠，當時人多已離世，倫敦大學城市學院法學院講師安德魯‧沃爾曼博士（Dr. Andrew Wolman）曾在韓國外國語大學任教，他說：「儘管和解作為『真相與和解委員會』一部分，但『和解』對於韓戰罪行來說已不是主要目標，不同於 90 年代的南非，韓戰犯下罪行的人多已不在人世，又或者是耄耋之年。而暴力又由於是政治正確的動機（立國暴力），而非因為種族、民族考慮，從現實角度看，和解的必要性也低了不少。」因此「保導聯盟事件」受到社會的重視較少。

血案如何煉成

「國民保（輔）導聯盟事件」，因「保」與「輔」在韓文中同音，因此通用。現時華文圈，「國民保導聯盟事件」的說法較為通用，故用簡稱「保導聯盟事件」。故名思意，「保導聯盟」本來是李承晚政府用作「保護」「輔導」「導正」共產主義者、左翼份子，使其「改過自新」的組織。據長年在韓國擔任記者、現為台灣政治大學講師朱立熙了解，保導聯盟的始作俑者是著名反共檢察官吳制道，他對於起訴、掃蕩左派不遺餘力，由他向李承晚提議「對接觸左翼共產人士進行思想改造」。朱立熙說：「反共檢察官吳制道發現，南逃避難的人當中，有不少人曾經是共產黨員，或潛伏到南韓的間諜。因此成立了一個『國民保（輔）導聯盟』，讓這些共產黨員能夠自新，給他們申告的機會。」於是在韓國各地設置登記所，但實際操作卻與吳制道的構想差距甚遠，最終殺害了許多非共產黨的無辜人民。到了晚年，吳制道非常後悔，公開反省、道歉：「國盟屠殺了太多無辜人民，我感到非常後悔。」

「保導聯盟」於 1949 年 4 月成立，這政治任務經過官僚階層的執行，演變得極為可笑，官僚為求達成登記所設想的人數目標，提供各種誘因，例如送米、送麵粉等糧食或日用品。許多鄉下農人因戰爭沒有飯吃，就被這些物資吸引，糊里糊塗成為「保導聯盟」的成員，而當中很多人根本不知道甚麼是「共產主義」「共產黨」。經過一年發展，到韓戰爆發前的 6 月，對於聯盟總人數，學界已有共識，認為韓國各地已有近三十萬「保導聯盟」成員，分散在現時的大田廣域市、蔚山廣域市、

慶尚南道首府昌原市、濟州島、江華島等地。

屠夫李承晚、金泰善、金昌龍

　　眾所周知，1950 年 6 月 25 日朝鮮領導人金日成揮軍南下，一路勢如破竹，將李承晚政權壓縮到釜山一角。韓戰爆發三天之後的 6 月 28 日，朝鮮軍隊就佔領當時的漢城（今稱首爾）。據多個執行命令的軍人、警察回憶，屠殺源於李承晚在 6 月 27 日下達的〈總統緊急一號命令：緊急情況下懲治犯罪者的措施〉（首爾大學教授金東椿則考證為 28 日頒佈），為了防止「保導聯盟」成員與朝鮮勾結，因此進行「預防性屠殺」，同時間發生的「濟州四・三事件」「江華島大屠殺」，規模都遠遠不及與「保導聯盟」相關的大屠殺。

　　時任韓國內務部治安局長（現稱警察廳長），後來曾在朴正熙時代任首爾市長、內政部長的金泰善（Kim Tae Sun）甚至以自己殺害共產主義者或懷疑共產主義者為榮。他自己就不諱言處決了 1200 名相關人士。韓國首爾大學教授金東椿曾撰文〈反「內患」之戰〉（*The War Against the "Enemy Within"*）。據其考證，金泰善就是早期包括「保導聯盟事件」在內各次屠殺的主要負責人。金泰善公開承認他曾在首爾及其市鎮在內的戰區，處決共產主義者。當時美國駐韓國大使穆西奧（John J. Muccio）亦回憶道：「金泰善下令殺害朝鮮『間諜』。」韓國反間諜部門（CIC）頭子金昌龍也是屠殺執行者之一，積極捕殺「南勞黨」成員。李承晚甚至稱讚金昌龍是他理想的左右手（the ideal right-hand man），讓他直接掌握整

支韓國國軍。屠殺之殘暴、不公義連美國人穆西奧也看不下
去，曾要求李承晚和國防部長申性模停止未經審訊的處決。

血案累累　難以估算

　　根據當時參與大屠殺的憲兵第六師師長金文植在 2007 年
對「真相與和解委員會」提供的證詞，第一波大屠殺在江原
道、忠清北道和慶尚北道發生。第一場屠殺於 6 月 27 日在江
原道橫城發生。在江原道的清原市倉庫裏，有 370 名「保導
聯盟」成員被殺；忠清南道瑞山市附近屠殺了 800 人，忠清北
道陰城郡、鎮川郡則屠殺了 70 人。同時，第六師又在慶尚北
道的慶州屠殺 350 人，並在尚州、聞慶市屠殺 400 多人。而在
忠清北道，就有合共 5800 人被屠殺。而以單一集中營計算，
最大規模的屠殺發生在首爾附近的大田刑務所（監獄），共有
1800 人遭屠殺並被集體掩埋。

　　其他已知的屠殺場所，還有慶尚南道的昌原市，包括「保
導聯盟」成員在內，合計 1681 名平民在 1950 年 6 月至 8 月期
間未經審判，就被憲兵殺害。而在蔚山廣域市，根據 2007 年
的《真相與和解委員會報告書》，大約 1000 人被屠殺，受害者
遺骨直到 1960 年才被發現。釜山地區在 2009 年的「真相與和
解委員會」的報告中，也顯示有 1500 名「保導聯盟」成員被
屠殺。「保導聯盟事件」屠殺人數人言人殊，由於年代久遠、
材料不足，沒有統一的說法。較通行的說法有兩個：一是韓國
首爾大學教授金東椿估計，有 6 萬至 11 萬人死亡；另一個說
法根據韓國延世大學東亞研究中心主任朴明林估計，有 20 萬

人死亡。

第二共和：短暫放鬆

　　由於韓戰是冷戰與內戰「雙戰結構」的產物，又涉及韓國的「立國暴力」，當中最慘烈的「保導聯盟事件」自然不許被提及，悼念活動也是被禁止的，相關左派人士及家屬更是「社會性死亡」。直到短暫的「第二共和國」（1960 年 8 月 13 日至1961 年 5 月 16 日）時期，曾短暫開放過。在 1960，李承晚在多次選舉舞弊之下，引爆全國性的憤怒，1960 初春 3 月，掀起了學生領導的「四・一九運動」（又稱「四・一九革命」或「四・一九學運」），運動席捲全國，4 月 25 日，韓國國軍、警察拒絕攻擊示威者，4 月 26 日李承晚下台，流亡夏威夷。韓國隨即短暫實現民主化，成立第二共和國。有關韓戰期間屠殺事件的悼念、民間調查隨即放鬆。1960 年 5 月，濟州大學的七名學生就組成了「濟州四・三事件調查同志會」，5 月 27日有受害者家屬要求進行調查。「保導聯盟事件」也有類似情形，以慶尚南道昌原市為例，1960 年曾有悼念活動。蔚山市的倖存者也曾在白羊寺建造了聯合墓地，並建造紀念碑。但一切隨着軍人朴正熙在 1961 年發動「五・一六政變」，政治風向再度收緊，蔚山白羊寺的墓地都被拆除，悼念活動也被禁止，「濟州四・三事件」的調查、悼念也告中斷。

　　從李承晚年代到民主化之前，左派人士都備受政府歧視。韓國檀國大學教授金珍鎬說：「朴正熙年代，韓國有這個『連坐體制』，政府一直管制左派人士，左派很久也找不到工

作。」首爾大學社會系教授鄭根埴亦曾撰文〈韓國的民主化、轉型正義與過去清算〉，指出：「1961年軍事政變之後，連坐制被更加強化，連坐制是剝奪這些人的政治社會生命，導致『社會性假死狀態』。這群人被隔離在公領域之外，相當於是社會上的『活死人』。」長期的連坐體制窒礙韓戰裏屠殺事件的記憶傳承。「連坐體制」之下，討論朝鮮、社會主義、左翼意識形態當然都是被禁止，直到民主化，「連坐體制」才被廢止。金東椿教授亦說：「時至今日，一般而言，普通韓國人都知道屠殺的存在，但因為提到『保導聯盟事件』，就知道必定涉及韓國的保守派系以及軍方。因此，一般韓國人知道，但不會公開提及。」

從金大中到盧武鉉

韓戰期間的冤魂要等到90年代才有機會重見天日、受到重視、得到平反。當國家「去威權化」「民主化」，人們的觀念才得以逐漸扭轉。文人政府金泳三政權任內，有關國家暴力、人權的概念已漸漸被重視起來，1995年《光州特別法》制定。金泳三打下基礎之後的1998年，韓國首次迎來政黨輪替。民主黨的金大中具有濃厚的「進步派」背景，家鄉就是光州所在的全羅道，在朴正熙、全斗煥獨裁年代，他在獄中六年，十年被軟禁、流亡。金大中上任之後，對韓國歷史問題的清算更加重視。同年「濟州四·三事件」的真相開始被調查。金大中執政三年後的2001年，成功制訂了《國家人權委員會法》，成立了「腐敗防治委員會」，大幅推進韓國政治體制現代

化。同年通過了《民主運動紀念事業法》，光州事件等民主化過程中犧牲的家屬開始活躍，可以公開追尋真相與公義。2003年，同樣是「進步派」維權律師出身的盧武鉉繼任總統。

附表一：主要的去戰爭化特別法

主要法令	立法時期	事件發生時期
《居昌事件關聯者名譽恢復特別措置法》	1996.1	1951
《濟州四‧三事件真相究明特別法》	2000.1	1948-1954
《老斤里事件犧牲者名譽恢復特別措置法》	2004.3	1950
《真相、和解過去史整理基本法》	2005.12	──

資料來源：鄭根埴，〈關於過去清算的歷史社會學〉，《社會與歷史》，頁61（2002年）。

2005年，根據《真相、和解過去史整理基本法》，韓國成立了「尋求真相、和解過去史整理委員會」，首屆委員長是盧武鉉和前任總統文在寅的政治啟蒙導師宋基寅。三年一屆、合共兩屆的委員會到2010年結束，調查範圍包括韓國軍隊、美軍，也包含敵軍造成的犧牲問題，當然也包括了民主化運動期間的人權侵害。「保導聯盟事件」也在這個時刻浮現在韓國公眾視野之中。未待真相與和解委員會將所有調查結果公開，盧武鉉就趕在總統任期屆滿、政黨輪替前的一個月，公開就「保導聯盟事件」代表國家致歉，正式為事件公開平反。第一宗的國家賠償發生於2015年11月，韓國最高法院首次判決，對巨濟島、昌原市受難者給予國家賠償。但檀國大學教授金珍鎬強

調:「這些公道問題,不是給予朝鮮任何善意,而是民主發展後,針對過去國家公權力對人權的問題。」因此,相較光州事件,「保導聯盟事件」的調查仍然較為缺乏,韓國社會的重視程度也有明顯分別。

過去史清算與悼念

有關「保導聯盟事件」,向國家提出的訴訟在「委員會」兩屆任期結束後開展。以蔚山為例,2007 年,確定有 407 人為「保導聯盟事件」的受害者,2012 則確認為 482 名倖存者平反。2016 年同樣有受害者家屬提出訴訟、申告,但一審、二審法院根據民法「五年的追溯期限」,否決了他們要求賠償的權利。但憲法法院的二審留了尾巴:「根據民法規定,針對平民集體受害、嚴重侵犯人權行為,應具有進行全國性賠償的權利,適用期應從法定代表人知道受害人和犯罪者三年起……但在長期操控和隱瞞之後,有些問題很難得出有效結論。」而韓國最高法院「大法院」在 2020 年 6 月 9 日宣判,再次確認了憲法法院的說法,並補充:「判決日才是確定真相之日。」因此由當日起三年內,蔚山「保導聯盟事件」的受害者可以向國家要求賠償。

附表二：去殖民化及去冷戰化的主要機構

去殖民化主要機構		
委員會名稱	活動期間	法律根據
日帝強佔下強制動員被真相究明委員會	2005.3-2009.3（一年延長）	特別法
親日反民族行為真相究明委員會	2005.5-09.5	特別法
親日反民族行為者財產調查委員會	2006.7-2010.4（兩年延長）	親日反民族行為者財產國家歸屬特別法
東學農民革命名譽恢復委員會	2004.9-	特別法

去冷戰化主要機構		
委員會名稱	活動期間	法律根據
濟州四‧三事件真相究明與犧牲者名譽恢復委員會	2000-	濟州四‧三事件真相究明與犧牲者名譽恢復特別法
真實、和解為過去史整理委員會	2005.12-2010	真相、和解過去史整理基本法

資料來源：鄭根埴、杜彥文，〈韓國的民主化、轉型正義與過去清算〉，《師大台灣史學報》，頁 8（2015 年）。

2019 年，慶尚南道昌原市馬山的「保導聯盟事件」中被處決的 6 人重審，2020 年 2 月 14 日由昌原地方法院宣判，法院判決寫到：「沒有證據顯示保導聯盟成員在 1950 年曾和朝鮮軍隊勾結，因此他們是無辜的。」釜山的「保導聯盟事件」兩名遇難者也在同年 6 月 1 日由釜山地方法院重新宣判無罪。

2008 年以來，韓國各地仍為「保導聯盟事件」犧牲者舉

辦聯合慰靈祭。以慶尚南道昌原市為例，在 2009 年恢復中斷四十九年的追悼會。2020 年，韓聯社亦報導，6 月 13 日昌原市舉行了海上追悼會，一百五十多名倖存者戴着口罩從昌原碼頭出發，在海上舉行追悼會。

正義未竟　路怎麼走

　　2005 年韓國成立了「尋求真相、和解、過去史整理委員會」，但為了和在野保守派合作，仍作出相當多妥協。首爾大學教授鄭根埴說：「將韓國民間使用的『虐殺』改為『犧牲』，並以『整理』代替『清算』，在修辭上作出了不少讓步，但韓國民間仍然習慣以『過去史清算』稱呼相關行動。」儘管限制重重，委員會仍作出相當大的貢獻。曾任「真相與和解委員會」委員五年之久的首爾大學教授金東椿則說：「委員會的目標達成了一半。成功的一半是，恢復受害者名譽、對個人死亡真相的還原；未竟的一半是，整體歷史真相與和解仍未達成。」

　　金東椿認為委員會最大的限制是「法定調查權力」：「最重要的執行者，例如軍方和警察都不願提交相關文件，重要數據仍沒有完全公開。」由於政黨輪替，保守派再度執政，相關調查、成果也不易被政府信納。金東椿亦說：「李明博、朴槿惠不願意接納真相與和解委員會的調查結果，所以保守派執政後，就很難有真正的進展。但 2010 年後，地方（進步派）政府仍有資助相關的調查。」

　　時至 2020 年，第一任「真相與和解委員會」委員會宋

基寅神父倡議的《真相與和解、過去史基本法修正案》終在 2020 年 5 月 20 日獲得通過，將會繼續對包括「保導聯盟事件」在內的政府屠殺平民事件進行徹查，有望重啟委員會。朱立熙說：「真相與和解委員會受到任期限制，許多內容仍未展開，調查也未完成。而真相與和解委員會也沒有逮捕權。」預料未來數年，會有更多國家暴力的歷史未挖掘、重見天日。首爾大學教授朴泰均亦說：「如沒有過去史的真相，國家創傷、衝突依然會持續。」

轉型正義進行時

　　歷史不會無緣無故地消失，也不會無緣無故被記住。2020年是韓國近代史許多大事件的重要紀念年份，包括「韓戰」七十週年、「光州事件」四十週年、「四·一九學生革命」的六十週年。並不是說大事就必然會被記住，也不是說每個個體的抗爭都毫無價值。今日風光亮麗的「韓流」娛樂背後，也有着先輩血淚、奮鬥的足跡，若無先輩嚐炎涼，後人亦難續春秋。同為冷戰分斷體制的受害者，身為使用中文的亞洲人、華人，我們又當如何去記憶韓民族的慘劇？台灣人看到的是「二·二八」中的自己嗎？內地人看到的是「三反五反」運動？馬來西亞人會想起「五·一三」事件嗎？香港人會想起「雙十暴動」「六七暴動」嗎？去記憶「國民保導聯盟事件」「濟州四·三事件」，了解他者的苦難，未嘗不是亞洲人面對當下和未來的動力。通過這些歷史的視界，也許我們能更懂得國際上的鄰居們。

附文一：美國在韓屠殺－老斤里事件

　　韓戰期間，美國以聯合國軍名義介入，支援李承晚政權，並發動仁川登陸，反攻朝鮮。美國作為韓國政府的「老大哥」，也在韓戰期間犯下不少戰爭罪行。同樣，對這些歷史真相的揭露、究責仍然未完成。最受關注的是 1950 年 7 月 26 日至 29 日在韓國忠清北道永同郡老斤里發生的屠殺慘案，約有三百多平民被殺。

　　當時，老斤里有數百名居民躲在雙洞橋下，但遭美軍第七騎兵團第二營以機關槍掃射與飛機轟炸屠殺。事件因為 1999 年美聯社美韓記者門多薩（Martha Mendoza）、漢利（Charles J. Hanley）和崔相焄（Sang-hun, Choe）聯手撰寫的報導《老斤里橋下：韓戰隱藏的噩夢》（*The Bridge at No Gun Ri: A Hidden Nightmare from the Korean War*）而曝光。該報導獲得了 2000 年的普立茲獎，同名書籍於 2001 年出版，在美國本土構成很大輿論壓力。美國、韓國國防部因此被迫展開調查，在 2001 年發佈的聲明中，美國國防部雖然承認事件，但認為是「戰爭時期難以避免的悲劇」。美國總統亦對事件表態道：「我代表美國，向在老斤里橋失去性命的韓國平民，感到深切遺憾（deeply regret）。」但沒有就事件道歉，更不用說事件相關的賠償。其後美國政府提出撥款一百萬美元建紀念碑並給予所有韓戰受害者 75 萬美元作獎學金，但老斤里事件的受害者沒有接受。韓國國防部的調查結果承認第七騎兵團受命向難民開火，稱之為「白色恐怖」，但是各說各話，沒有結果。

　　直到盧武鉉任內，2004 年 3 月，韓國通過《老斤里事件犧牲者名譽恢復特別措置法》，報告指出有 163 人死亡，

並有 55 人受傷，但報告最後註明仍有相當多死傷者沒有被登記或發現。老斤里和平基金會則在 2001 年公佈，估計有250 至 300 人被殺，主要是婦女和幼童。與美軍相關的事件調查難度很大，美方也往往不願配合。倫敦大學城市學院講師安德魯·沃爾曼亦説：「在 138 起已調查與美國有關的事件中，只有 8 起尋求美國的補償。」反映正義難尋。

老斤里事件被改編成電影《小小蓮池》（*A Little Pond*），故事取材自前文提到的報導《老斤里橋下》（韓文版於 2003 年出版）以及韓國前警察，後為社運人士的鄭殷溶自述的書籍《你可知我們的悲傷》。老斤里事件中，鄭殷溶的妻子重傷，四歲的兒子、兩歲的女兒被殺死。電影於2009 年上映，反映着記憶的薪火相傳。

附文二：「濟州四·三事件」經緯

「濟州四·三事件」橫跨韓戰前後，根據韓國政府官方定義，事件自 1947 年 3 月 1 日起，直到 1954 年 9 月 21日「解嚴」為止，是規模僅次於「國民保導聯盟事件」的大屠殺。根據「真相與和解委員會」調查，濟州全島當時有28 萬人口，事件期間遇難人數多達 25000 至 30000 人，達到全島十分之一人口，還有數以千計的人流亡到日本。

事件源起於以美國為首的盟軍託管時期，人口劇增而且生活品不足，輔以農作物失收、霍亂疫症橫行，民怨四起。在 1947 年「三一節」（紀念尋求獨立的「三一運動」之節日），濟州島人民委員會組織遊行，要求南北統一。警察開火，造成 6 人死亡、8 人重傷，死者多是圍觀群眾。南韓勞

動黨濟州黨部藉機介入，組織「反警察」運動，發動 3 月 10 日大罷工抗議，濟州 95% 的公營機關和企業加入。美國軍政府認為事件「南勞黨煽動」的比重高過「警察開火」，一個月內拘禁 2500 多人。翌年 1948 年 4 月 3 日，南勞黨策動 350 名武裝隊員，攻擊 12 處警察分局、右翼團體，展開武裝鬥爭。美軍政當局一開始並不重視，視為「治安事態」而已，只是增派警力，後來則動用大韓國民國國軍前身的「警備隊」鎮壓。

李承晚政權在美國支持下，在 1948 年 9 月 9 日成立新政府，隨即在 10 月 11 日設置濟州島警備司令部。11 月 17 日，當局宣佈濟州戒嚴，第九聯隊隊長宋堯讚發出公告，將海岸線五公里的漢拏山地區內所有人都視為暴力分子，格殺勿論，並針對山區村落展開「焦土化」鎮壓作戰，12 月則由第二聯隊接替，仍維持極高壓的集體屠殺。韓戰爆發後，計算「保導聯盟」受害者在內，在第一波拘留中就殺了約 3000 多人。「焦土化」鎮壓之後，南勞黨的武裝隊自然殺得七七八八。直到韓戰結束後的 1954 年 9 月 21 日，漢拏山地區才由禁足改為開放，並結束戒嚴，結束歷史七年七個月的「四‧三事件」。

人與專政的鬥爭，是記憶與遺忘的鬥爭。濟州人從來沒有忘記慘痛的大屠殺，在短暫的「第二共和」時期就嘗試進行調查，還在軍人盧泰愚執政的 1989 年，濟州市民團體就開始舉行悼念運動，及後在 2000 年開始進行系統性的事件調查，2003 年獲政府正式道歉。

2.4 日本近代民族建構的挫折
「楠公神話」及其幻滅

◎ 黃宇翔

　　近幾年，日本著名作家三島由紀夫生前與東京大學學生對話的紀錄片在港、台上映，都掀起廣泛迴響，激辯日本火紅年代的是與非。令人意外的是，遠隔重洋的日本故事《三島由紀夫：最後思辯》在港、台地區同樣深受歡迎。也許是因為歷史的類似，香港經歷了 2014 年的雨傘運動和 2019 年的反修例騷亂，台灣則經歷了 2014 年的太陽花學運，更讓港、台民眾通過歷史之眼，思考群眾運動的意義，也從中看到日本「安保世代」的種種血淚，思考國家要走向何方。《三島由紀夫：最後思辯》更深層次來說，是訴說日本民族的悲劇，不論是左派，還是右派，最終無法挽回民族的脊樑，日本終無可避免地走向「民族虛無」。

　　右派的領袖三島由紀夫認為要恢復日本的「皇國傳統」，找回被「麥帥衝擊」挑掉的民族脊樑，頭巾寫有日本中古時期捍衛皇室的名將楠木正成的名言「七生報國」（輪迴人間七次，都要報效國家），對日本進行死諫，成就了他的千古名聲。

　　三島由紀夫活躍的年代，就是「全學共鬥會議」（全共鬥）狂飆突進的年代，「全共鬥」對華人來說也許很陌生，但對香港

人來說，也許能找到他山之石。日本左翼、「全共鬥」運動的高潮出現在 1969 年，當時「全共鬥」佔據了東京大學安田講堂，最終警視廳為奪回講堂，令校園恢復秩序，投擲了上萬枚催淚彈，最終東京大學當年入學考試停辦，無人入學。東大安田講堂事件前兩年，香港也爆發了以「反英抗暴」為口號的「六七暴動」，同樣是赤旗席捲全球下的產物。及後則是政治冷漠的世代，日本一代青年對政治漠不關心。港獨領袖梁天琦在旺角暴動案後，要報讀哈佛大學的短期課程，哪知負責面試的日本學者也以「全共鬥」作為例子，向他問難。梁天琦自己就說：「面試官說全共鬥（當年也）非常激進、非常有理想，但之後太極端，對外輸出革命、策劃恐怖襲擊，結果將抗爭代價拉得太高，反而令下一代對政治更加冷漠。呢一種冷漠喺日本社會，持續到今時今日。」然後面試官反問梁天琦：「你擔不擔心香港變成這樣？」作為港獨領袖，最終梁天琦啞口無言，靜默良久。

　　「安保世代」的日本，國家分裂為左派和右派，兩派水火不容，但兩派都共同反對「日美安保條約」。最近遇刺身亡的前首相安倍晉三，近年力主「台灣有事論」，將「美日同盟」放置到台海局勢當中。但在小時候安倍卻會騎在時任首相的外公岸信介背上，喊着說：「反對安保！」由此，不難看出「反對安保」「反對美國殖民日本」是一代人的時代精神，支持「安保」的岸信介甚至因此捱了一刀，但卻比安倍幸運，大難不死，一直活到了九十歲高壽才告別人間。左、右派有着共通的憤怒，但立足的基礎不同，推演出未來日本的南轅北轍。諷刺的是，兩者都已在歷史浪潮裏沉沒，與當今的日本政治已關係無多。

三島由紀夫與「楠公」

三島由紀夫是傳統日本的守護者，他相信人的價值在於與人建立關係，讓「小我」在國族「大我」裏解放，才能得着人的終極意義，相信日本若拋棄了天皇，民族性將會消失，國家也將會毀滅。三島也剖白自己並不痛恨左派，因為他們都分享着「國家性」的迷失。

三島的死如同他在小說《憂國》裏預言的一樣——發動政變失敗，再模仿日本傳統武士切腹自殺。如今在網上還能找到三島肌肉發達、手握武士刀的造型照。三島是一位通曉「死美學」的藝術家，他的死亡，自然是精心準備的一場行為藝術表演。如江戶時期詩人，被譽為「日本的李白」的梁川星巖所說：「豹死留皮豈偶然」「人生有限名無盡」，在三島的死亡「劇場」裏，除了劇情以外，他死前頭戴的「七生報國」頭巾則是一個被忽視的主題。在第二次世界大戰時，「七生報國」就是擔任自殺式任務的「神風特攻隊」「回天隊」的口號，三島的「七生報國」代表着一種相承不絕的日本民族主義精神，三島之後，這種精神就斷絕了。

三島死後，他的摯友、諾貝爾文學獎得主川端康成到達現場，就感慨地說：「腦袋被砍下的，應該是我。」三島自殺之後十七個月，川端也選擇打開煤氣開關自殺，未留下隻字片語，兩個人的死，也終結了一個年代的文學——與短暫美好的事物伴隨而來的悲劇式幻滅。

三島由紀夫懷念戰前「忠孝愛國」教育的時代，而戰前教育的結晶，則是所謂「楠公精神」。三島由紀夫對楠木正成的

時代非常懷念，卻深知「忠孝」的時代已經過去了，這種矛盾心情在他的小說《鏡子之家》（遺作《豐饒之海》的原型）表露無遺。三島用旁白口吻說道：「這種古代忠君愛國的銅像（楠公躍馬像），居然能安然度過佔領時代倖存下來，實在不可思議。」表達現代人對「忠孝愛國」的不屑。另一方面，三島又寫到：「這是家喻戶曉的『馬背上的楠公像』。」「我真羨慕楠公啊，他一定沒想過甚麼景氣不景氣吧。」「各位請看，麻雀在銅像的馬尾裏築巢喔，現在也在啼轉着『忠孝忠孝』。」以「楠公」作為戰前體制的象徵，庇護着如麻雀般的百姓安居樂業。他認為沒有了「楠公」，社會上的人就墮落，憂愁風雨，求田問舍，關心經濟是否景氣，失去了靈魂。

「楠公」再現江湖

　　自三島由紀夫死後，日本戰前體制以至「七生報國」之類的「楠公」象徵，都在日本消失了。隨後日本經濟不斷上揚，國民都沉浸在經濟成就當中，直到日本經濟泡沫爆破，才另當別論。不安的社會才需要陶醉於歷史的榮光，造就了一批右翼政治家上台，但「七生報國」「楠公」之類被視為帶有「軍國主義」色彩的象徵仍鮮有人觸及。

　　直到 2021 年，日本防衛省出版了新的《防衛白皮書》，封面設計一出爭議遍地，那是一個華人既熟悉又陌生的形象。去過日本首都東京旅行的朋友們，都會見過是東京千代田區皇居外苑的銅像「楠公躍馬像」，從二重橋車站步行五分鐘就可以到達。而「楠公躍馬像」活脫脫就是該版《防衛白皮書》的封

面武將圖樣。這次《防衛白皮書》在設計上下了苦心，找到曾為人氣遊戲作品 PokemonGo 繪製廣告畫的墨畫家西元祐貴操刀。西元祐貴的廣告畫掛於著名旅遊勝地東京涉谷 109 商場，畫風鋒銳有力，是新一代日本墨畫家代表人物，當然也深受年輕一代的歡迎。請他執筆《防衛白皮書》封面圖畫，無疑是希望吸引新一代關注，以至從軍。

然而，以楠木正成的形象作為《防衛白皮書》封面，卻掀起軒然大波，韓國和中國的媒體都進行解讀，認為是日本「軍國主義」復辟的象徵。日本防衛省則是「此地無銀三百兩」，特別說明封面設計有三個要點：第一是要風格，吸引日本的年輕人關注，這也是西元受僱的主要原因；第二是要突顯防衛省和自衛隊的強大力量；第三是要向海外展示富有日本特色風格的形象，因此選擇了「騎馬武士」作為素材，並且強調不讓武者揮刀，而是拉着韁繩，就是希望不要表現出違反「專守防衛」的原則。防衛省始終不敢正面承認封面人物就是楠木正成。楠木正成死後八百年，至今在日本仍是敏感的圖騰，具有豐富的政治意味，以至於日本官方敢用而不敢承認，和三島由紀夫的差距又不能以道里計了。

楠木正成為何重要

《平家物語》曾如此表達命運無常的慨嘆：「祇園精舍鐘聲響，諸行無常輪迴轉。」（周作人譯）歷史不會無緣無故地重複，也不會無緣無故地消失，當日本需要重新擴張武力，回顧歷史，需要尋找思想資源、建構「神話」，仍然無法擺脫 14

世紀的名將楠木正成。於日本人民的心裏，楠木正成被尊稱為「大楠公」，兒子楠木正行則被稱為「小楠公」。上一輩日本人皆尊稱楠公，而不直呼其名諱。楠氏「七生報國」「櫻井訣別」都是日本人耳熟能詳的故事，於日本人心中的地位就相當於中國的岳飛、文天祥以至諸葛亮。甚至明代遺民朱舜水東渡日本，成為「水戶黃門」德川光國的座上賓後，也為楠木正成墓碑題字、作贊。

日本歷史上，天皇權力長期被外戚（約四百年的攝關時代）、武將（將近七百年的幕府時代）把持，日本長期的皇權低落，使得日本出現許多中國人無法想像的奇怪名詞。楠木正成活躍的年代，後醍醐天皇多次領兵討伐幕府的事蹟在幕府時代被稱為「天皇御謀反」（又稱為：「天皇御謀叛」）。以中國人「普天之下，莫非王土；率土之濱，莫非王臣」的「絕對君主制」傳統看，就很難理解日本這種天皇地位低落的情形，甚至天皇之所以能長期存在，就是因為「夫唯不爭，故天下莫能與

明代遺民朱舜水題楠木正成碑　攝於神戶市湊川神社

之爭」，連廢除的必要也沒有了。

在這漫長的天皇權威低落的時代當中，唯有楠木正成較為亮眼，事實上他的軍功很大程度受到軍記文學《太平記》的渲染、誇大，變成了以數百人大敗數十萬關東幕府軍的「軍神」。但他也確實為天皇戰死，並勉勵子孫後代繼續為南朝天皇戰鬥。其長子楠木正行也效法父親，為南朝戰死在四條畷。由於南朝最終戰敗，由室町幕府主導的「北朝」統一，楠木正成及其後代都長期被視為「朝敵」「逆賊」，及後的德川幕府也未改變定調。

維新志士眼中的「楠公」

時移勢改，直到幕末維新時期，日本維新志士提出「尊王攘夷」（及後演變成「倒幕開國」），對楠木正成的評價出現了明顯的變化。明治維新後的第一版憲法，第 4 條規定：「天皇，為國之元首，總攬統治權，依本憲法條規行之。」明治政府以「天皇主權說」為核心建構日本戰前憲政秩序，因此，提高天皇歷史地位，就成為必要的政治正確。而且，在明治維新前，武士主導的幕府與有名無實權的天皇朝廷是相對的關係，幕府壓制天皇親政，明治政權本質上是各藩下級武士聯合建立的政權，「武士道」的尚武精神仍被改造、發揚。因此，把武士精神改為「忠君愛國」就成為必要，「楠公神話」的建構就更是必要、唯一的歷史情節了。

在幕末維新時期，楠氏的事蹟被不斷浪漫化、神話化，以至楠木正成推動的反鎌倉幕府運動亦被部分國粹派學者視為

「建武的復古」，視為王政復古運動的歷史先聲。及後「倒幕開國」，幕府還政於天皇的過程也被稱為（第二次）「王政復古」（相對於第一次的「建武中興」）。陽明學者，也是維新志士的吉田松陰、橫井小楠、西鄉隆盛、伊藤博文、梁川星巖、賴山陽皆以漢詩為楠氏父子增添文人墨跡。歌頌的題材往往是楠木正成戰死前與兒子訣別，告誡兒子要忠於皇室、消滅幕府的「櫻井訣別」，以及死前與弟相約七次再生人間，都要消滅朝敵、幕府的「七生報國」誓言。

著名的日本前首相、朝鮮總督伊藤博文追念亦師亦友的長州藩先輩、「維新三傑」之一的木戶孝允，也曾賦詩《祭松菊公墓》（明治四十三年，1910 年）道：

> 追懷往事感無窮，三十三年夢寐中。
> 顏色威容今尚記，名聲與望古誰同。
> 蕭曹房杜忠何比，蜀相楠公義暗通。
> 墓畔題詩新綠櫻，山鵑叫盡血痕紅。

詩中將木戶孝允、楠木正成與中國古代的諸葛亮相提並論，而說中國的賢相蕭何、曹參、房玄齡和杜如晦都望塵莫及，更可以看出在明治年代，楠木正成已被建構成千古一見的偉人，甚至成神了。維新志士對「楠公」的神化凡此種種，不一而足，在此就不再枚舉了。

「楠公」成為忠孝典範

在明治時代的各方背書之下，楠木正成成為維新志士的

精神典範，既鼓勵志士前仆後繼起兵反幕，亦成功使明治政府把「楠公」地位升格。1872 年（明治五年），明治政府統一全國的戊辰戰爭結束不過三年，就在神戶設立「湊川神社」以茲紀念，並以「大楠公」楠木正成為主祭神。此時，明治政府仍千頭萬緒，前一年開始推動「廢藩置縣」，政府內部也分裂為以岩倉使節團為首的歸國派和主張征韓的留守政府。在這種風雨如晦的環境裏，政府一致支持為數百年前的名將設立神社祭祀，楠木正成對於政權合法性的意義也就可想而知。及後，在 1880 年（明治十三年），政府更追封楠木正成為「正一位」（日本最高官位），其子楠木正行則追封從二位。後來亦為其子楠木正行設立「四條畷神社」（明治二十三年，1890 年），備極哀榮。楠木正成「大楠公」、其子正行「小楠公」之號不脛而走，成為日本忠孝的典範。及後影響更漸次擴大，最終在日本全國構建了「建武中興十五社」的「南朝神社體系」，昭示明治政府賡續「建武中興」，實施第二次「王政復古」的合法性敘事。

　　從明治時代開始，「楠公」成為勤王、反幕的典型，也是教科書裏灌輸忠孝價值的榜樣人物。「七生報國」與「櫻井訣別」這兩個經典故事，都是日本戰前教科書裏中小學生的必修課文，就如同中國「文天祥賦正氣歌」「岳飛大破金兀朮」的故事，激勵忠孝志節。而 19 世紀末日本國粹運動中，楠氏事蹟成為國魂的代表，當時的小學生歌唱運動就把大量的楠木正成事蹟收錄在內，鼓吹其忠君、孝悌思想，例如著名的「大楠公之歌」。這首歌又名「青葉茂れる桜井の」，其義大概是「櫻井長滿綠葉」，意境源於西鄉隆盛的漢詩：

殷勤遺訓淚盈顏，千載芳名在此間。

花謝花開櫻井驛，幽香猶逗舊南山。

日本文部省更於 1899 年編錄了櫻井訣別之歌，使之成為楠氏相關歌曲裏傳播最廣的一首，收錄於明治時期的國語讀本，成為日本小學的國粹教育工具。

明治維新以後，楠木正式更加被政府塑造、神化成為日本史上最值得尊敬的忠君愛國的代表人物。配合日本的帝國主義和對外擴張戰略，日本在台灣實行「皇民教育」，在台灣的學校，如彰化高中、板橋國小等地都遍設「楠公像」，在校學生也要定期參拜，以培養台灣人對日本的忠心，直到國民政府時期「去殖民地化」才被去掉。

「楠公」與軍國主義思想

從甲午戰爭到二次世界大戰期間的日本人，經歷着國粹狂飆的時代。文人政客無不以討論「楠公」為風尚。軍人的座右銘則是楠木正成的名句：「七生人間，以滅朝敵，以報國家。」當時如不熟悉楠公事蹟，顯然就不太像是個日本人。活躍於甲午戰爭、日俄戰爭，號稱日本「軍神」的廣瀨武夫的偶像亦是楠木正成，他在寄給兄長的詩詞裏屢次提到自己崇拜楠木正成。

楠木正成的「非理法權天」思想是皇國史觀的重要思想內容，認為「無道不勝道理，道理不勝法度，法度不勝權門，權門不勝天皇」。簡單來說，就是認為森羅萬象之中，天皇最大。這面「非理法權天」是楠氏生前征戰的旗幟，二戰時期號稱永不沉沒的大和號戰艦，也掛着這面楠公的軍旗與楠氏的

「菊水」家紋出戰。另外，活躍於二次世界大戰的戰艦「金剛號」「千早號」皆以楠木正成生前活躍的戰場命名。在 1935 年「大楠公祭」的六百週年，剛好也是甲午戰爭四十週年時，兵庫縣、神戶市政府藉此造勢，舉行了有 30 萬人參加的「楠公」武士紀念巡遊（楠公武者行列），場面之浩大是有史僅見的。

「非理法權天」旗幟，攝於神戶市湊川神社

20 世紀上半葉與楠公相關的組織眼花撩亂，其中楠木同族會由著名日本實業家、石油企業家，有「滿州太郎」「阿拉伯太郎」之稱的名商人山下太郎所創立。還有建武中興六百年記念國民精神研究會、湊川神社婦人會等等，不一而足。這些組織有相近之處，其創立者都是與日本政府有密切關係的人物：山下太郎是得到政府支持、於滿州興業的生意人；湊川神社婦人會的首任會長是當時兵庫縣知事的太太。所以，「楠公」相關組織中日本政商界精英雲集，是軍國主義思想的溫床。

南北朝正閏論爭

任何事物都有代價，推崇楠氏及其背後的南朝正統，固然能培養人民的愛國心，更能激發為天皇戰鬥的意願，但這一民

族建構說法卻有致命缺陷：在歷史上笑到最後的並非南朝一方，而是作為「朝敵」「逆賊」的北朝，包括明治天皇在內的祖先一系都屬於「逆賊」。「南北朝誰是正統」因此變成明治政府急需解決的合法性問題，也就爆發了所謂的「南北朝正閏論」之爭，一場動搖國本之爭。

原來明治政府對於「南北朝正閏」沒有表態，也沒有「明定國是」，教科書裏則以「南北朝並立論」為宗。但維新志士當中大多都主張「南朝正統論」，因此才有了上述一系列的動作，如尊崇楠氏。而岩倉具視、參議山縣有朋內部編纂《大政紀要》將北朝天皇都稱為「帝」，但相關文獻都只在宮內流傳，沒有公開。直到 1910 年發生了「幸德大逆事件」，社會主義者幸德秋水等五人意圖行刺明治天皇，在法庭自辯裏居然說道：「現在的天皇，不也是暗殺了南朝天子而搶走三神器的北朝天子嗎？」一下捅破了窗戶紙，才令不可言說的問題浮上水面。同年 2 月 4 日，在野的犬養毅領導的立憲國民黨藉機發難，提出在帝國議會辯論「南北朝正閏問題」。最終，明治天皇於 1911 年的帝國議會裏宣佈持有「三神器」的南朝為正統，但保留了北朝六個天皇的地位和待遇，即認同「南朝」為正朔，自己的祖先們僅保留名號，但不視為正統。明治天皇自己的「北朝」祖先卻成了「非正統」，也可謂世界皇室裏的怪事。

「不敬罪」除罪化

第二次世界大戰後，日本作為戰敗國，其發動戰爭的政治體制和思想體制也被清算。「東京大審判」裏，「王道派」的戰

爭發動者東條英機、板垣征四郎、松井石根等被判處死刑。而
戰爭的元兇、日本實質掌權者裕仁天皇被輕輕放下，但其至高
無上的「現世神」地位也受到否定，通過所謂「玉音放送」進
行「人間宣言」，否認天皇是神。天皇走下神壇，也讓野心家
看到機會，藉「南北朝正閏問題」再度發難。

　　1945 年，本是商人的熊澤寬道自稱是日本正統天皇，並向
聯合國軍最高司令官總司令（GHQ）麥克阿瑟送達請願書，陳
明自己是日本南朝天皇的子孫，希望麥帥協助他復位，隔年更
成立「南朝奉戴國民同盟」，到全國各地遊說，希望復位。當時
麥帥曲意保護昭和天皇，自然沒有把熊澤當成一回事，但此事
卻同時得到美國、日本傳媒的關注，美國《星條旗》《生活》等
雜誌對此都有報導。「熊澤事件」帶出了「大不敬罪」的問題，
政府當局調查的結果是「大不敬罪適用」，但最終沒有行起訴，
而「大不敬罪」在隔年的 1947 年被「除罪化」。經過「熊澤事件」
這翻大鬧以及這位「熊澤天皇」後來在各地不斷巡迴演說，天皇
的正統性、權威性可以說是跌落谷底，國體尊嚴也蕩然無存。我
們也無法知道麥帥是否存心利用事件將「大不敬罪」除罪化。

日本右翼挽回「楠公精神」

　　軍國主義裏政、商、學界雲集於「楠公」旗幟之下的榮
景，隨着日本二戰失敗漸漸淡去。同盟國佔領日本，為去除日
本軍國主義、皇國史觀，除迫使裕仁天皇進行「人間宣言」，
也把「楠氏」「七生報國」「櫻井訣別」這些故事從教材中刪
去。故此日本出生於戰前的一輩與戰後一代於民族意識上有顯

著差異，隨時間推移更形嚴重。日本的國粹主義漸漸步向低潮。日本知識分子除了出現反思軍國主義的思想，左翼運動亦興起。同時，也有國粹派分子意圖恢復日本人的向心力，代表人物就是川端康成與三島由紀夫，二人皆是國粹派作家的領軍人物。三島由紀夫更以死諫國，意圖恢復皇國史觀的思想主流地位，並戴着楠木正成名句「七生報國」的頭巾進行切腹。三島由紀夫可以說是「楠公崇拜」最後的實踐者，不論是這個頭巾「七生報國」的象徵意義還是其思想，自此都很少強烈地於媒體前震撼日本大眾的心靈。

時至今日，知道楠木正成的日本青年人依然不少，電腦遊戲《太平記》裏楠木正成亦是熱門的登場人物。但相較於祖父母輩，崇敬之情顯然淡泊下來，由表層的民族精神象徵轉化成為深層的民族意識。戰後，楠氏忠義事蹟已然於中小學生的教科書上消失，戰後歷史教科書的書寫更着重楠木正成地方豪強（惡黨）的出身，讓昔日偉大、正面的神話「走下神壇」。

隨着時日推移，當日經歷過國粹運動的青少年，今日皆成為老人。尤其是 90 年代以降，日本經濟處於「失落的三十年」，對於本國的「自豪感」下降，這種精神焦慮在日本中、老年人裏尤其嚴重。右翼人物懷着對「楠公」的尊崇，卻眼見新一代漸漸忘卻他們珍視的記憶，感到亡國的憂慮。1997年，日本國營電視台日本放送協會（NHK）的歷史節目《有尊嚴的日本史》曾經有一集標題為「建武新政的消滅，惡黨楠木正成自殺」，旋即引來右翼勢力的強烈反彈，主祭楠木正成的湊川神社更發動抗議。

「楠公」被視為皇室守護者

就在日本人世代相傳的歷史記憶面臨斷層之際，因為經濟衰退帶來的迷失，人們又把「楠公」從塵封的歷史中搬了出來。「楠公」崇拜於是再度湧現。二戰後楠公祭一度衰落，在1985 年更中斷舉辦「楠公武士巡遊」，直到 2002 年（平成十四年）才復辦，並由兵庫縣知事井戶敏三便於巡遊裏扮演「大楠公」楠木正成，神戶市長矢田立郎扮演楠木正成之弟正季。自此五年一度的「楠公武士巡遊」都由兵庫縣知事扮演「大楠公」。同時，政商界人物時至今日依然積極參加「楠公」相關組織，如楠木同族會現任會長就是前自民黨幹事長、前眾議院院長綿貫民輔；楠木研究會的顧問成員亦包括眾多市議員、報界高層、在地商界人物。「楠公武士巡遊」由神戶市政府主導，日本《產經新聞》支持而舉行。由此可見，「楠公」相關組織於今時今日的日本，依然延續與政商界緊密合作的關係。

筆者曾在 2018 年夏天參觀「楠公祭」以及「楠公武者行列」武士巡遊。這是一個遊客稀少的祭典，即便是日本當地的遊客也很少，外國人更是幾乎絕跡，在場參與的多是老人家，年輕人大多為企業動員參加。以致筆者和兩個朋友觀看「楠公武士巡遊」時，還有老婆婆雀躍地問我們：「是日本人嗎？」當我們回答「從香港來的」，老人家才一臉沮喪地拄着拐杖離去。

楠公研究會會長山下弘枝於 2018 年 1 月 19 日在日本政經俱樂部名古屋分部演講，題目就是「日本人今日應重拾的大楠公精神」（日本人が取り戻すべき大楠公の精神）。山下這輩的

河內長野市市長島田智明扮演「大楠公」楠木正成

前日本女團 AKB48 成員中村麻里子扮演「小楠公」楠木正行

「楠公武者行列」日文、英文海報

「楠公武者行列」中，一名年輕人拉動兩個老官員──日本社會縮影

人物多少懷有國粹主義的情意結，生長在楠木正成被視為國民典範的時代，依然延續着川端康成、三島由紀夫恐懼日本文化消亡的憂心，希望把「楠公」事蹟作為今日國粹宣傳的工具。楠木一門生前都是驍勇無雙的戰將，死後哀榮恐怕是他們未曾預料的。不論生前死後名的變化如何，可以肯定的是，日本人民族意識深處依然有楠氏一門的地位。時至今日，日本東京千代田區的皇居外苑廣場，唯一豎立的銅像就是「大楠公」楠木正成策馬的模樣，彷彿依然被視為日本皇室的守護者。行人注視這陌生而熟悉的銅像時，難免勾起深藏於日本人心靈深處的民族精神。

日本漢學家島田虔次曾著有《中國近代思維的挫折》，認為中國最終無法像日本走向「現代化」，就是因為陽明學及其分支的「王學左派」已萌生了近代市民意識，但這種「市民意識」最終隨着明代的覆亡被歷史遺忘。相反，日本陽明學歷久常新，在幕末經過佐久間象山、吉田松陰等精神導師發揚光大，啟迪一代維新志士，最終帶領日本走向「現代化」。若用這個理論框架去看待日本近代的民族建構，隨着其選擇皇國體制，無可避免地要建構「楠公神話」，就註定日本國體要面對「南北朝正閏論」「當今天皇的祖先是否逆賊」的質疑，最終因為戰後體制的衝擊，天皇走下神壇。及後，「熊澤大逆事件」最終帶來天皇權威掃地，皇國史觀在人民心中蕩然無存，也就註定這場「日本近代民族建構」遇上挫折。如今日本人還在思考民族、國家往何處去，怎來才能進行「國家正常化」，更在反思甚麼是「正常的國家」。

第三章

群島東南亞

導讀

　　群島東南亞，是一塊面積廣闊的海洋群島之地，包括了馬來西亞、菲律賓、印尼、汶萊、新加坡和東帝汶，有時也將巴布亞包括在內。全球三大航道之一的馬六甲海峽就位於群島東南亞當中。群島東南亞與香港源淵深厚，在殖民地時代、中國受帝國主義衝擊的時代，香港就是中國人「下南洋」的中轉站，盛極一時的「南北行」貿易的「南貨」就是將東南亞貨物轉口到中國內地。

　　這部分包括了兩篇文章：一篇是關於印尼「九．三〇事件」的血淚史，這是印尼現代史上驚天動地、發生根本劇變的一頁，影響了印尼的國家型態以及民族性格，當中相當部分被壓迫的華僑逃到香港落地生根，構成香港人口圖譜的一個重要組成部分；另一篇文章則剖析印尼作為海洋國家、群島國家為自身發展進行的嘗試，如打破國際法對海洋的定義，並以「全球海洋支點計劃」作為發展基建的根本大計，啟示香港人如何從中找到機遇，並理解印尼這個國家的歷史、經濟。

3.1 印尼現代史被消失的「九・三〇」
香港印尼歸僑血淚記憶

◎ 黃杰、黃宇翔

　　1965 年發生的「九・三〇事件」（印尼大屠殺）是印尼現代歷史無法迴避的轉折點，是國家暴力對人權的嚴重戕害，當局大規模殘暴殺害印尼左派，當地華人也受到池魚之殃。這是印尼歷史上極黑暗的一頁，更是印尼由親蘇走向親美的分水嶺。山河變色近一甲子，印尼已由軍政府統治轉向文人政權，自 1998 年後漸漸走向民主化，「真相與和解委員會」組織過兩次調查，但都未觸及歷史的「深水區」——「九・三〇事件」。現任的佐科威政權以「進步派」自居，在他任內，相關歷史禁區有一定程度開放。2015 年，半官方組織「印尼國家人權委員會」就在印尼破天荒舉辦了「九・三〇事件」的民間研討會，佐科威也下令徹查當年發生屠殺的地點。

　　然而，事件從未獲得真正平反，佐科威的「進步派」形象也引來說他是「共產黨」的謠言，更使他在 2019 年的選舉中險些被軍方拉下馬，使佐科威的改革如履薄冰，還有重重障礙需要跨越。「九・三〇事件」雖然時隔五十五年，然而歷史卻未曾遠去。平反？不平反？依然是印尼政治走向的重要分水

嶺，也是印尼民主能否立基於「真相與和解」之上的試金石。假如一個民族不能真誠地面對歷史，也難以昂首挺胸地走向未來。

儘管已過去五十五年，「九‧三〇事件」許多細節仍然未曾清晰，光是有多少人被無辜殺害就眾說紛紜，死亡人數在10萬至300萬之間的估算都有，一般認為屠殺人數在50萬左右，是印尼建國後最嚴重的屠殺事件，是大規模針對左派的屠殺行動。直至現在，「九‧三〇事件」如何發生、幕後主使為誰，由於缺乏「真相與和解委員會」的追尋，許多細節仍然不明確。

「九‧三〇事件」印僑逃亡香港

香港與東南亞一衣帶水，東南亞政局每有風吹草動，東南亞華人想到的逃難地點裏都會有香港。上世紀70-80年代，就曾有約20萬印尼華僑自中國內地到香港定居，當中許多就是中國建國初期響應「建設新中國」號召回國，及後受到各種政治運動衝擊的歸僑。他們多在改革開放後來到香港居住。當然，更有不少是「九‧三〇事件」後被接回國的印尼華人，當時中國內地總共接僑約9萬多人。從1960年到1967年，共有20萬人回國，當中部分幾經輾轉，也來到香港定居。

時至今日，香港的東南亞華僑人口中，印尼華僑仍然佔的比例最高，這也自然是因為印尼政局較為動盪，多次出現排華運動，而香港是自由港，也更容易來定居。港英政府年代由於反共思想作祟，對排共大屠殺自然不談，回歸後，香港政府

也一直沒有善用這些華僑人脈，對他們的歷史缺乏研究。至今，我們對於「九・三〇事件」裏逃亡香港者的人數，以至他們的生活和歷史經驗依然知之甚少。

1965 年的印尼與國際形勢

讓我們回到 1965 年，蘇卡諾身為印尼國父，當時確實有明顯的親蘇跡象。蘇卡諾在 1945 年領導印尼獨立，其發起召開的 1955 年萬隆會議引發無數第三世界國家舉起槍枝進行獨立戰爭、擺脫殖民地身份，對帝國主義打擊甚大。蘇卡諾甚至親自接見中國總理周恩來，認同其提出的「和平共處五項原則」，從實踐上完成了毛澤東的「三個世界理論」。所以說蘇卡諾「親（中）共」也實不為過。

蘇卡諾一直主張「大印尼主義」，把馬來亞、新加坡、沙巴及砂勞越都視為印尼的一部分，更支持砂勞越以當地華人為主的共產黨遊擊隊，而在外交上也參與領導「不結盟運動」。在美國當時方興未艾的「圍堵」戰略中，印尼更是 1951 年美國國務卿杜勒斯提出的「島鏈」戰略的重要一環，更可能通過「大印尼主義」，把作為第一島鏈的馬來西亞收歸旗下。蘇卡諾的外交戰略無疑是美國無法接受的，在印尼國內也引起巨大爭議。當時，印尼共產黨（Partai Komunis Indonesia, PKI）在蘇卡諾親蘇的背景下發展迅速，是世界規模第三大的共產黨，成員有 300 多萬。而共產黨的發展無疑也抵觸了印尼民族主義者、穆斯林的情緒。在「九・三〇事件」前，兩方積怨已深，隨時可能爆發大規模衝突。

「九・三〇政變」的五種可能

　　關於「九・三〇政變」的起源，至今仍是眾說紛紜，相關論述有二十多種專著及數百篇文章，莫衷一是。目前至少有下列五種說法：第一，由印共所導演，這也是印尼現時的主流說法；第二，由蘇卡諾導演，或至少他事前知道翁東（溫東，Untung Syamsuri）中校將綁架及殺害右翼將領的計劃；第三，由美國中央情報局所導演，旨在把蘇卡諾拉下台，80年代解密資料顯示，美國總統甘迺迪和英國首相麥米倫就曾在60年代初達成要「除去蘇卡諾」的密約，因為他被認為對東南亞穩定不利；第四，政變是由軍中右翼將領與左傾中級軍官之間矛盾所引發，蘇卡諾本人也相信這種說法；第五，由蘇哈圖所導演，持這種觀點的除曾遭到迫害的印共及其支持者外，也有多位西方學者同意此說。

　　「九・三〇政變」由誰導演仍未可確知，五種說法都有漏洞。但顯而易見，當時印共仰賴蘇卡諾的保護，沒有動機也沒有理由推翻蘇卡諾政權。然而，政變中，共產黨員翁東中校綁架及殺害右翼將領卻是事實。在1965年10月1日的凌晨，翁東中校指揮襲擊了陸軍司令雅尼中將和納蘇蒂安等七位將領，並將雅尼中將為首的六名將領殺害。而政變的結果則是蘇哈圖掌管軍權，並下令民眾可以任意殺害懷疑潛在的親共分子和印尼共產黨員，此後大量女權主義者、爪哇島的阿甘班人以及華裔被集體屠殺。

大屠殺針對左派不只華人

在華文世界中,「九‧三〇大屠殺」經常都會被說成是排華大屠殺。但這不完全是史實。實際上那場瘋狂的民間械鬥,是針對任何潛在的親左派人士,而剛好華人和紅色中國的聯繫較深或是單純比較富有而已。所以實際上「九‧三〇事件」是針對所有潛在「左派」,而不只是華人。相反,華人被殺的在整場屠殺中只是少數,專門研究印尼華僑、東南亞政治的馬來亞大學東南亞研究學系高級講師,曾著有《後蘇哈圖時代的印尼華人:民主化與少數族裔》(*Chinese Indonesians in Post-Suharto Indonesia: Democratisation and Ethnic Minorities*) 的鍾武凌,援引 Robert Cribb 和 Charles A. Coppel 在《不曾存在的種族清洗:解釋 1965-1966 年印尼反華屠殺的迷思》(*A Genocide that Never Was: Explaining the Myth of Anti-Chinese Massacres in Indonesia, 1965–66*) 中的說法:「嚴格來說,『九‧三〇事件』並非一場排華運動大屠殺,這是因為在高達二百萬名被殺害的印共黨員和左派人士中,土著佔了大多數,而華人只佔大約兩千名。」華裔印尼籍社會學家陳玉蘭(Mely Tan Giok Lan)也有著作支持這個說法。然而,這當然都是根據現有資料整理的答案,倘若有「真相與和解委員會」的全面調查,數字可能會有出入。總體而言,「九‧三〇大屠殺」是針對左派,而非針對華人的屠殺基本上已成為學界的共識。

在這場滅絕人性的民鬥大屠殺之中,鄰居們對仇人手起刀落,以「反共」之名進行「私了」,而這一切恰恰都是被政權允許甚至是鼓吹的。這場大屠殺由「九‧三〇政變」的「震央」

雅加達開始,然後逐漸蔓延到共產黨勢力強大的中爪哇,再到峇里島,也有零星的衝突事件在蘇門答臘島發生。

這場大屠殺中,學界普遍估計有大約 50 萬人直接死亡,而 1966-1976 年間則有 160 萬至 180 萬人因被懷疑是共產黨員而被捕,許多人在獄中受折磨而死亡,前後受害人數達到兩百多萬。而 1965 年的印尼全國人口也僅有 1 億左右。這是印尼史無前例的人道浩劫,2% 的人口被殺或被關押,放在世界歷史上也不多見。

成為美國在亞洲的衛星國家

蘇哈圖在清算左派以後成功奪權,開始了長達三十二年的獨裁統治,也開始了印尼成為美國在亞洲的衛星國家的時代。金融上,蘇哈圖馬上飛去紐約參加「印尼投資大會」,出售天然資源;產業上,印尼成為了日本汽車業的代工廠。那時的印尼恰如一個新殖民地。直到 1974 年,日本首相田中角榮訪問印尼時還引起千人暴動、焚燒日製汽車的馬拉爾事件(Peristiwa Malari,又稱「一・一五災變」)。蘇哈圖奪權、印尼變色,是美國「圍堵政策」重要的一環,印尼成為其圍堵紅色世界的「第二島鏈」。

可是,以上敘述在印尼的教科書或是國家檔案中從未出現。在國家的表述當中,他們單純地描述「九・三〇政變」的經過,然後就假裝之後的大屠殺從來沒有發生過一樣。對於印尼的 80 後、90 後來說,他們知道這段歷史唯一的線索就是 10 月 1 日的「建國五原則紀念日」(Hari Kesaktian Pancasila),

當天學校會升旗慶祝國家「打敗了共產主義」。而對於那些受害者及其家屬，這算是最卑微的一種悼念方式了。有一些家屬會煞有介事地在家門前揮揚印尼的國旗，以最低調的方式向死者致敬。可以說整個 1965 至 1966 年大屠殺在印尼依然是一種不能言說的禁忌。

長期傳播「印共」假消息

在蘇哈圖掌權的三十二年間，他一直在打造一個印共嘗試奪權而他成功英勇救國的神話，大量傳播有關「印共」的虛假消息。每年的 10 月 1 日，印尼都會強行在學校、在國家電視台中播放「共產主義惡行」的影片。

政治立場左傾的印尼文化總監助理 Nila Utami 說到：「即使是當年的自己，看到共產黨人的惡行都會深惡痛絕，在學校看了一次影片後回家在電視台上再看一遍。簡直覺得蘇哈圖就是救國英雄。」

1966 年，蘇哈圖還將共產黨定為非法政黨。這樣的「政治清洗」活動至今都還沒有停止，也沒有人勇敢走出來挑戰這個五十多年的禁忌，更沒有人願意提到五十五年前那場血腥大屠殺。彷彿這是印尼民族一層不能揭開的瘡疤，背後就是赤紅色的印記。

就算偶爾有學者勇於站出來挑戰官方的歷史，如 1994 年出版的《受災之靈》（*Kehormatan Bagi Yang Berhak*）和 1995 年出版的《黃自達傳：蘇卡諾的助理》（*Memoar Oei Tjoe Tat: Pembantu Presiden Soekarno*），嘗試為蘇卡諾辯護並提出美國

有份參與 1965 年大屠殺的證據，但是很快就被印尼總檢察長禁印。類似的案例在 80-90 年代的印尼也有數宗，證明蘇哈圖政權嚴格地管制有關 1965 年事件的任何詮釋，為的就是保持他在 1965 年成為「救國英雄」的形象和其政權的管治合法性。

直到 1992 年，Iwan Gardono Sudjatmiko 才出版了首份關於 1965 年大屠殺的論文，但是印尼文化總監希爾瑪・法里德（Hilmar Farid）稱：「這份論文之所以可以獲得出版，是因為它認同了蘇哈圖政權的敘事。它認為民鬥『私了』是不可避免的，因為印尼共產黨在歷史上是失敗和錯誤的一方。」但是，這份論文依然是重要的，因為此前從來沒有官方許可的敘述承認 1965 年曾經發生民眾「私了」屠殺的行為。這份論文雖然認同這些行為，或認為其是不可避免的，但至少它承認了有這樣的行為發生過。

前總統瓦希德曾道歉

2000 年，大概是「九・三〇大屠殺」最接近「平反」的一年。時任總統瓦希德公開向受害者的家屬致歉，並承認大屠殺的存在。他同時允許人們對 1965 年的事件進行歷史研究。但是，他的道歉並非官方的，僅僅是他個人的聲明，因此對於很多家屬來說是不足夠的。但即便是這樣，對一些曾經參與過屠殺「共產黨人」的宗教組織 Nahdlatul Ulama（NU）人士來說，這樣的道歉已經超越了他們的底線，引起強烈反彈。

同年，人民協商會議草擬了一份「國家真相與和解委員會」法案，該法案直到四年後才獲得通過，因為委員會成員就

委任的問題一直爭持不休。直到 2006 年委員會要成立之時，又有 NGO 提出司法覆核，因為委員會規定了對於加害人不可以追究任何刑責，只需要道歉即可。國家憲法法院此時介入，取消了整個真相與和解委員會，事件又重新歸零，回到起點。可見重新打開這個話題對印尼來說是相當敏感的一件事。

1998 年，蘇哈圖政權和他的反共「新秩序」崩潰，民間對「九・三〇事件」的討論漸漸解凍。相關出版物除了有現任執政黨克服災難部主任里卡（Ribka Tjiptaning Proletariyati）的《成為印共孩子是我的榮幸》，還有現任印尼文化總監希爾瑪・法里德（Hilmar Farid）搜集的口述歷史《永無止境的一年》。

紀錄片方面，還有 Chris Hilton 導演的《Shadow Play》。至今約有 11 部關於 1965 年大屠殺的影片面世。驟眼看來，這好像說明 1965 年的歷史已經「解封」，其實不然。由於「新秩序」禁令仍在，所以即使國家允許民間討論大屠殺，但是違反國家歷史主流敘事的作品仍不得出版。例如不可以質疑印共是否有意策劃軍事政變。其中加拿大英屬哥倫比亞大學教授約翰・羅薩（John Roosa）出版的 *Pretext for Mass Murder: The September 30th Movement and Suharto's Coup*（《大屠殺的藉口：「九・三〇」運動與蘇哈圖政變》）就因為提供了另類假設，說一切都有可能是蘇哈圖自導自演的奪權戲，而被禁止在印尼販賣。

另外，跟台灣的白色恐怖一樣，其「平反」大多集中於「冤假錯案」的問題，也就是說被誤以為是共產黨人而遭到

「私了」的情況。但是對於真正的印尼共產黨成員呢？這樣殺害他們是否公允？大部分的作品都不願意提及，避之則吉。其實說白了就是國家願意在維持反共的大前提下，分化受害者之間的相聯性，只平反冤假錯案，而無視大多數被殺的印尼共產黨成員，忽略了國家暴力背後的意識形態問題。若對於苦難的根源從來沒有正視，那麼苦難就沒有真正遠去。

美國與中國的幕後角色

隨着近年美國國務院越來越多解密檔案公佈，尤其是在2017年，「國家安全檔案」（National Security Archives）與美國前總統奧巴馬在2009年成立的「國家檔案解密中心」（National Declassification Center），將三萬頁資料解密，當中就有三十九頁與印尼「九・三〇事件」有關，皆是1964-1968年間美國駐印尼大使館傳回美國的機密資料。根據《紐約時報》的解讀，美國官員沒有進行過任何公開反對「九・三〇事件」的行為，甚至為這場屠殺的背後勢力鼓掌，而當中部分電報直接指向蘇哈圖下令大規模處決懷疑為共產黨的人。而事實上在「九・三〇事件」前，美國就曾秘密資助印尼反蘇卡諾政府分子，希望滲透到印尼的陸軍系統當中。而在事件發生後，美國中情局（CIA）也為印尼陸軍提供了一份長達5000人的印共領袖名單，可見美國至少在事件發生後積極支持蘇哈圖政權。台灣東海大學教授顏永銘也指出，客觀上「九・三〇」和美國全球戰略是吻合的，美國和蘇哈圖政權可以合作，但是否存在「勾結」「共謀」，仍有待檔案的進一步解密。

　　至於中國大陸，出於紅色革命的友誼、不結盟運動的夥伴關係，中共一直對印尼蘇卡諾政權提供援助，直到 1965 年。而在「九・三〇政變」事發前的 8 月 5 日，根據中國外交部檔案，印尼共產黨領袖艾地也向毛澤東透露了這次政變行動。新加坡南洋理工大學教授周陶沫在《中國與「九・三〇運動」》一文中提到，中國一直鼓勵印共以武裝奪取政權。由此可見，在「九・三〇事件」中隱約可見大國博弈、冷戰對抗的影子，儘管仍沒有確切證據。

「蘇卡諾主義」

　　對於像 1965 年這樣的大屠殺的官方敘事，正是今天印尼左翼極力爭奪的一個戰場。印尼文化總監希爾瑪・法里德曾經是積極的社會運動參與者，出於多年的社運經驗，他不無感慨地說：「印尼之所以無法成為一個國家，依舊是活在殖民體系之中，除了因為它欠缺對未來的構想以外，更因為民族解放的想像遭受到清洗。」而這個清洗，指的當然就是「九・三〇大屠殺」。因為共產黨人和他們結盟的「蘇卡諾主義」遭受到全面的清洗。

　　值得一提的是，根據印尼總統辦公室特別顧問 Oji（Noer Fauzi Rachman）的說法，印尼左派今天為了避諱已經很少自稱是左派或是共產主義者了，取而代之的是「蘇卡諾主義」——一個象徵民族統一的信念。尤其是在萬隆，大大小小的文化場所之中都會印有國父蘇卡諾的圖樣，因為萬隆是他的發跡之地，也是今天「蘇卡諾主義」最盛行的地方。日經

新聞網曾經報道，佐科威現在的外交政策就是在奉行蘇卡諾主義。事實上，當今印尼政壇主要力量就包括蘇卡諾之女創立、佐科威領導的「鬥爭派民主黨」以及軍事強人蘇哈圖的女婿普拉博沃領導的「大印尼行動黨」，兩黨兩度在總統選舉中對壘。

每週四集會盼轉型正義

「九・三〇事件」後長達三十二年的蘇哈圖時代，相關悼念活動都不能舉行，直到 1998 年蘇哈圖秩序崩潰後出現改變。「九・三〇事件」「1998 年學生運動」等事件中的受害者和家屬這些年來，固定發起週四集會（Kamisan），每週都在總統府對面的獨立廣場上，帶着黑色雨傘和罹難者照片靜默遊行，要求政府調查國家暴力對人權侵害的歷史，至今已集會六百多次，現時因為疫情就轉向網上集會，反映民間一直抱有尋求「真相與和解」「轉型正義」的盼望。

「真相與和解」曾經是佐科威競選連任總統的應許，但隨着疫情驟起，以及佐科威險勝的教訓，似乎重啟「真相與和解委員會」、進入「真相與和解」的深水區、公佈「九・三〇事件」「1998 年印尼排華」真相變得遙遙無期。印尼在佐科威執政前，就曾兩度召開過「真相與和解委員會」，分別是在 2007年及 2016 年。佐科威的努力只限於反對國家暴力對人命虐殺的層次，不見得會作重啟「真相與和解委員會」的嘗試。除了 2019 年年底路透社報道印尼官方有這樣的意願外，及後從疫情出現至今都不見有相關的動作。不僅如此，軍方代表還多次

強調相關殺戮是必要的。佐科威第一屆任期中的國防部長雷亞庫都（Ryamizard Ryacudu）在 2016 年的亞洲安全會議上發言時表示，相信 50 萬被認為是親共人士而被殺的，都是理應被殺（deserved to die）。

現任總統佐科威為了折衷管治，在 2018 年連任後把蘇哈圖的女婿普拉博沃也吸納到執政聯盟當中，並給予國防部長之位。佐科威第二任期內會否推動「轉型正義」呢？東海大學政治系副教授顏永銘、馬來亞大學東亞研究系高級講師鍾武凌都異口同聲地表示不樂觀。

不會觸及軍方舊政治勢力

顏永銘說：「佐科威當初競選時，開出的菜單琳瑯滿目，但一路跌跌撞撞，邊做邊學。他連任之後把精力放在遷都上，對這些抽象的價值不是很在意，第二個任期他應該根本不會做這些事，而是把自己視為拼經濟的工程師。」馬來亞大學東亞研究系高級講師鍾武凌也說：「總統佐科威為了穩住自己的勢力，肯定不會觸怒軍方或親蘇哈圖的政治舊勢力，而重啟有關和解委員會肯定會牽涉到揭露軍方或政治舊勢力涉及『九‧三〇事件』。」因此兩位學者都認為佐科威不具有推動印尼「轉型正義」的決心。

推動「轉型正義」不樂觀

2020 年是印尼建國七十五週年，在 6 月份舉行的紀念活動當中，佐科威展望印尼二十五年後進入「已發展國家」的行

列。而現代文明國家無疑需要建立在對「人道價值」的尊重之上，需要對於過去國家暴力對人權的侵害予以糾明。儘管佐科威政權之下相關禁忌漸漸有解凍跡象，但「九‧三〇事件」雖然過去了五十五年，「轉型正義」恐怕仍遲遲難到，「真相與和解」的陽光仍難照耀「千島之國」的土地上。

3.2 印尼「全球海洋支點計劃」機遇與障礙

◎ 黃杰

早在 17 世紀初，荷蘭人就從好望角（Cape Town）航道越洋涉水從西歐向「東印度」進發，與印度尼西亞進行香料貿易，並於後來成立了百餘年的殖民政府。從歷史和地理位置看，可以說印度尼西亞本來就是印度洋貿易的中心之一，有着天然的地理優勢，很容易發展成為一個海洋貿易國家。

在 21 世紀的今天，印度尼西亞的海洋位置就更為關鍵。第一是由於中國的崛起和東盟經濟增長的聯動；第二是太平洋航道由於技術進步而開啟，使印度尼西亞成為印度洋、東南亞和太平洋三者的中心。加上美國軍事上駐兵於澳洲，群島東南亞又成為中美矛盾之下的一個中間陣地。因此不論是經濟或是軍事上，建設或重建印度尼西亞的海洋大國地位都是迫在眉睫之事。

印尼發展狀況概述

要建設印尼，除了看它的地理位置，還要看其他的因素。第一，就是它的發展水平。遺憾的是，在美國和英國聯手

推翻蘇卡諾和其「舊秩序」(Orde Lama) 以後，親美親日的新軍事政府蘇哈托頒佈了「新秩序」(Orde Baru，1966 年至 1998 年)，長達三十年無心治理國家，並沒有把印尼現代化。那是由於 1965 年政變 (「九‧三〇事件」) 以後，蘇哈托新政權希望獲得地方勢力支持，因此以容忍各地政府以消極或是冷漠的方式回應中央，讓印尼變成一個由地方軍政府以獨裁手法管治、貪污腐敗、官商勾結而且經常發動大規模鎮壓的國家。

印尼的這段時間甚至會被一些左翼經濟學者稱為「新殖民主義」時期。印尼成為了發達國家建設東南亞廉價工廠的地方 (如年產 100 萬輛、佔國家生產總值 10% 的日資汽車工廠和距離雅加達不遠的韓國三星工廠)，並由美國操縱的亞洲發展銀行進行「技術培訓」來管理在當地設廠的外資企業。可以說這個時期印尼的內部產業政策沒有自主性可言，也不是為本國而服務。尤其是一直至到 1997 年的亞洲金融風暴，印尼的生產總值減半，受害之深不是常人可理解的。

引用中國駐印尼前大使、現任中國駐美國大使謝鋒十年前說的話就是：「今天如果你要從上海運一件貨物到雅加達，可能比從印尼的其他島嶼運送到雅加達還要快。」筆者也曾經有從萬隆坐擁擠的通宵火車往返爪哇島，以及明明就在雅加達市外不足 20 公里卻要塞車數小時才能進入市區的經驗。這些背後說出的是，像印尼這種「萬島之國」要建設好一套完善的海洋貿易體系和國內物流體系，從而恢復到上述海洋貿易支點的位置，必須要先解決各地政府分而治之、行政能力低下的問題。而且印尼海上物流費用奇高，以 2018 年的統計數據作參

考，物流費用約佔印尼 GDP 的 30%，馬來西亞是 17%，泰國是 16%，新加坡是 15%。高昂物流成本是佐科威計劃最大的阻力。印尼西部（佔全國八成的經濟增長）的重要港口丹戎不碌港（Tanjung Priok port）處理貨物的時間比新加坡長六倍，是亞洲效率最低港口之一。

另外第二個要考慮的因素就是印尼的國家體量。雖然上面的描述把印尼的今天說得多麼不堪。但是，如果以購買力平價來計算的話，其實印尼已經排名世界第七，超越了巴西、法國、英國和土耳其，僅次於德國和俄羅斯。考慮到印尼的人口是大國印度的五分之一，如果把這個因素也算進去的話，其實印尼人的購買力平價是印度人的一倍。因此我們要消除把印尼和印度同等地視為低度發展的國家的想法，因為印尼的經濟實力其實不弱，而且它剛好就是我們的毗鄰。

如果將印尼和印度作比較，還有另一個數字也值得參考。印度從 2000 年至今經濟體量提升了 9 倍。印尼在 2000 年時剛剛經歷完亞洲金融風暴，國內生產總值萎縮了一半，但是從那時起，印尼經濟總值的總升幅和印度相若。這裏要說明的是，西方媒體不管出於何種原因把印度描述為下一個經濟奇蹟，但是從事實的角度來看，包括印尼在內的許多國家，其實表現並不比印度差。

印尼是東盟的主導國家，佔了其一半的人口和三分之一的生產總值，且在中國崛起的因素影響下快速成長。東盟總人口有六七億人，已經相當於半個印度了。加上我們的地理位置和歷史上華人海外移民的傳統和聯繫，印尼對香港來說絕對是一

個比很多地方都要有吸引力的投資目標。

全球海洋支點計劃

　　基於上述原因，包括印尼天然的地理優勢和軍事上的價值，以及發展海上基建重建印尼昔日海上光輝的理想，印尼總統佐科威於 2014 年競選時提出「全球海洋支點」計劃（Global Maritime Fulcrum）。在其後於北京舉辦的「一帶一路論壇」的各國領導人合照中，國家主席習近平身旁左右兩個位置就是普京和佐科威，足見中國當局理解「全球海洋支點計劃」對「一帶一路」中的「海上絲綢之路」的重要性。

　　雖然要把印尼這個由一萬八千多個島組成的國家「由散亂變團結」並形成一個海洋大國絕非易事，而佐科威在過去一屆任期中也沒有拿出多大實在的成績，但是可以預期，他在新一屆政府（2019—2024 年）之中將會繼續推行他的大計。在佐科威的第一任期中，「全球海洋支點計劃」主要集中在經濟聯繫而非軍事層面，並且取得一定的成就。西方，尤其是澳洲的智庫，出於自己軍事利益的考量，常常把佐科威的計劃當成是軍事計劃而非經濟計劃來看待。

　　佐科威首先要解決的就是海上聯繫和海上經濟的問題。為此他將納土納群島（Kepulauan Natuna）約 272 個島嶼劃為專屬經濟特區（Elusive Economic Zone），由印度尼西亞國家石油公司和埃克森美孚石油公司合作，共同開發當地石油。這是南海面積最大、人口最多的專屬經濟區。值得注意的是，2015 年時任中國外交部發言人洪磊、2020 年時任外交部發言人耿

爽都指出，中國和印尼在該地方沒有領土爭議。印尼總統佐科威甚至在 2020 年 1 月 8 日到訪當地宣示主權，而中國也沒有回應。可見其實中國是允許印尼按照現在的步伐發展納土納群島的。

在經濟方面，《外交政策》等西方外交權威刊物也認同「全球海洋支點計劃」在經濟上的初步成果。在佐科威的第一個任期之中，就建成了至少 19 個新的貨運碼頭，還建成了一條中速鐵路和總投資額 31 億美元的西爪哇帕庭班（Patimban）深海港口。該港口距離雅加達不遠，估計會為當地工業化當來一定的進展。佐科威本人形容這個港口的建設是「戰略性的選擇」。估計該工程第二階段會於 2021 至 2024 年間完成並投入使用。

佐科威對於建設印尼海上基礎設施是十分認真的。他曾於 2020 年提出削減當時 230 億美元的石油補貼當中的 25%，加上接受中國過百億的投資計劃，並且再從預算之中拿出 60 萬億美元的資金，大興土木發展印尼的海上基建。他甚至為此自比在印尼海洋文化中擁有極高地位的 Jalesveva Jayamahe，以表示自己重建印尼海上強國的決心。

佐科威甚至在 2014 年成立了「加速基礎建設小組」（KRRIP），長期觀察下圖之中的 37 個基建計劃的發展速度。加上和中國大陸的學術對接、談論兩國的海上基建的接駁問題。尤其是有一些重要的數據，包括如何大量節省到倫敦和美國兩大市場的運輸成本。可見在佐科威積極的引導之下，以後的印尼將不會再是今天我們所能想像的樣子。

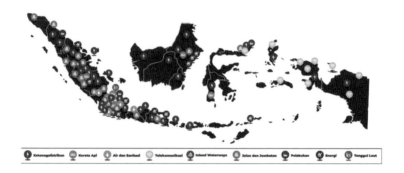

全球海洋支點計劃的阻礙

　　印尼現在已經擁有一定發展規模的海港，包括蘇門答臘北部的庫拉坦姜國際海運中心（Kuala Tanjung International Hub Seaport）和蘇拉威西北部的比通國際海港（Bitung International Hub Seaport）。前者面向日本和太平洋航道，後者位於馬來西亞海峽之間。而印尼對日本和馬來西亞的出口總值比對中國的還要多（它們分別為印尼的第二和第六出口國），所以其實印尼是一個經濟非常多元、靈活的國家。雖然現在以入口總額來說中國絕對是印尼的最大入口國（佔22%），但是其實印尼將來可以選擇的道路有很多，而這正正就是佐科威想將印尼重塑為海上貿易強國的原因，不單止是因為想減少對中國的絕對性依賴，更加是為整個東盟發展出一套多元的經濟。

　　可是，要發展好的海上貿易體系，陸路運輸系統的配合也決不可少。因此「全球海洋支點計劃」當中很重要的一部分內容就是要解決印尼的陸上基建的問題。這其中包括了修建六條主要公路和四條鐵路的計劃。而這也是絕對有必要的。據

2016 年統計，印尼只有 6% 的土地面積有道路覆蓋，而新加坡為 15%。加上建設公路是解決各地軍政府「分而治之」最有效的做法，所以這背後非但有經濟考量，更有政治的計算。

不幸的是，這些計劃都不如佐科威所期望般容易推行。前文說到的「新秩序」使到各地軍政府各自為政，有一些甚至會出於自己的利益，而利用各州、各宗教不同的法律特性，從而阻止佐科威執行接通整個印尼的大型基建計劃。筆者曾親身和印尼總統辦公室的兩名特派官員接觸，多次聽到他們不但緬懷蘇卡諾時期曾經倡議過的民族統一性（筆者對此段歷史並不了解，在這裏只是引述從官員口中聽到的說法），而且認為在此時此刻更應利用這個歷史思想資源，以統一的方式加強國家行政管理的能力而謀求復興。

比方說上述提到的庫拉坦姜貨運中心，即雅加達的主要海路出口，竟然有十多個的行政管理單位和服務機構，每一個都服務於不同的政府單位，這使碼頭的管理基本上無法順暢。可以說在雅加達根本還沒有現代化的物流管理。又比方說，由於印尼的經濟中心就在爪哇一島之上，因此要鼓勵島與島之間的海上連結基本上要透過政府的資助。可是這種發展基建的方式收效甚微，基本上不是以市場為根本，所以又減慢了「全球海洋支點計劃」的進度。

「海上高速公路」突破不足

對此，佐科威於 2016 年推出知名的「海上高速公路」（tol laut）計劃，着手解決經濟較落後的印尼東部的物流運輸問

題。從另外一個角度看，這也可以說是印尼的滅貧計劃：改善最邊緣的小島（3TP）的交通、降低通脹以及帶動經濟活動。

印尼交通部 2022 年報告指出，「海上高速公路」計劃執行後，印尼經濟較發達的西部（Kawasan Barat Indonesia）的大米價格上升了 22%，但是在東部（Kawasan Timur Indonesia）僅上升了 19.6%。另外印尼東部建築用水泥的價格也下降了 3.4% 至 4.5%，可見計劃有一定作用。該報告更預測，在雅加達遷都至東加里曼丹的努山塔拉以後，新首都帶動的經濟動力將會給「海上高速公路」效益帶來加乘效應。

該報告同時指出，在「海上高速公路」推行五年之後，印尼東部與西部物價差距減少了，主要原因是公共運輸成本降低至比商用貨輪低 30%-50%。

但印尼官方對這一進度不滿，他們認為僅降低海上運輸成本是不夠的，很多從碼頭到偏遠山村的物流價格普遍還偏高，還有地方政策讓手續費居高不下。另外，因為欠缺先進技術，碼頭作業成本也很高。其他使到海上物流價格未能降低的原因是航線過長、貨物優先次序信息不透明、市場參與者少、競爭活動低微、長期依靠政府的運輸補貼等。

印尼人認為他們現時最需要的是碼頭技術，特別是提高作業效率和減低價格的重型機械，甚至是自動化機械。印尼的海岸線長度為世界第二，加上國土極為分散，提升碼頭技術可以大幅提升生產力。另外，印尼也需要物流管理的數字系統，幫助它走向現代化。最後，印尼需要有一個設立在東部的高價值經濟中心，先讓一個地方發展起來，以群體效應來提高整個區

域的發展。

香港的機遇

上文說出了印尼國家現在的發展問題和因為歷史制約的因素而產生的一些挑戰。筆者希望強調，對印尼這樣一個強國來說，其前景是光明的。真的出了問題的是從 1965 年開始西方、日本對這個國家做過的血腥的、恐怖的事情。在中國和東盟的高速增長、相互協助，以及西方冷戰因素相對減弱的情況下，印尼應該能夠成功實現現代化的發展。

除了以上佐科威不斷強推的「硬件基建」以外，其實支撐着整個海洋貿易體系的「軟件基建」也十分重要。比方說，有這麼多進出印尼港口的貨物，它們的管理由誰來做？這些貨物要不要買保險？應該按照甚麼法律條文去規定？這些公司的信用額度是多少？這些都是需要被回答的問題，也是筆者認為香港有能力和人才去介入的領域。

比方說，印尼經濟和銀行系統長期被美國和日本主導，根本連自己的信用評分系統（credit score system）都還未建立。直到 2020 年 3 月 31 日，「印尼信用局」（Kredit Biro Indonesia Jaya，KBIJ）才建立首個計算信用的科技系統。而他們合作的對象就是中國平安集團的營聯公司「金融壹賬通」。該公司在中國約有大概三千七百個公司客戶，以機械學習的高科技方式運作，處理接近 420 萬宗報告。

香港的金融科技（fintech）其實也應該要發展出達到或高於上述水平的現代金融體系，方可以真正在未來「一帶一

路」這個世紀機遇裏不只充當中西之間的窗口，更應是中國和國際上其他地方的窗口。需要香港人才的地方很多，香港也應該積極地如本文所嘗試展示的一樣，做好「一帶一路」的對接平台。

附文：印尼開拓國際法對海洋思考

若從華語中心的觀點去看印尼，就很容易把它的國家發展計劃「全球海洋支點」（Global Maritime Fulcrum）僅看成是中國「一帶一路」航道上的其中一站而已，就如馬六甲海峽一樣，甚至如果以貨運量來説，可能還不如馬六甲重要，但這是一個很嚴重的誤會。印尼實際上是一個海洋大國，尤其在國際海洋法的領域，正在不斷推進引導世界發展，並以此宣佈自己海洋強權地位。

印尼在《聯合國海洋公約》（UNCLOS）中是有特殊地位的，它是一個「群島國」（archipelagic state），其劃分海域的方法有別於其他國家：不是依海岸線延伸劃界，而是把所有島嶼看成是一個整體，所有包裹在其中的海域都屬於印尼。

根據 UNCLOS 第 53 條，印尼有權指定在其海域中開放哪條航道。過去因為安全理由，印尼東－西航道還未劃清，因此在「全球海洋支點計劃」以後的發展中，印尼如何開放航道，將會是重塑區域物流的重大決定。

不久前印尼也簽署了《超越國家司法管轄領域的海洋生物多樣性協議》（BBNJ），該協議在 UNCLOS 原則之下賦予印尼管理超越其海域以外的生態環境的權力，因此印尼的

海權勢力正不斷擴大。在處理海洋塑膠廢料和海平面上升等問題上，印尼積極而主動。

印尼擴大自己的海洋影響力，歷史上有跡可尋。印尼剛獨立不久，前總理朱安達（Djuanda Kartawidjaja）就因擔憂外國軍艦自由航行帶來的安全問題，於 1957 年 12 月頒佈了《朱安達宣言》，雖受國際社會反對，但終在 1960 年立法把大範圍水域列入印尼，拒絕向外國船隻開放。《朱安達宣言》的內容亦在三十年的外交努力後獲得 UNCLOS 認可，將印尼領土面積由 202 萬平方公里增加至 519 萬平方公里。從印尼人的角度看，這是印尼歷史上最大的外交勝利，堪比知名的萬隆會議。

今天總統佐科威提出要重塑「海洋大國」時，也是以領導國際海洋法為先。印尼是唯一一個把 UNCLOS 第 73 條第 1 點理解為「賦予國家權力擊沉入侵其海域船隻」的國家，也是第一個考慮將 UNCLOS 第 29 條延伸，把「外來潛艇」定義為「外來戰艦」的國家。

印尼數百年來飽受殖民主義者把它僅僅看成「貿易航道」的眼光，因此現在在重申自己海洋大國地位時，考慮的是海洋資源、生態管理、海洋經濟特區、海洋生物多樣性、水上水下聯繫、國家安全、應對氣候變化等一系列更切合新興科技和 21 世紀實情的思想範疇。華文世界的很多學者也提出印尼是由約一萬七千個島嶼組成的國家，但現在我們似乎更應認識到它 76% 的面積是海洋。思考印尼如何管理海洋，才更能理解它的未來發展走向。

第四章

半島東南亞

導讀

　　半島東南亞，過去又被稱為印度支那半島、中南半島，現代也有人稱之為「東南亞大陸」。半島東南亞與中國陸路相通，其中越南與中國關係尤其密切，歷史上就有「北屬時期」，越南北部語言發音部分也和廣東話相通。半島東南亞在冷戰期間是兩大陣營鬥爭的前沿，長達約二十年的越戰更是冷戰的分水嶺，改變了歷史格局。

　　在冷戰期間，香港與半島東南亞關係密切，越共臨時一大就在香港鬧市中召開，上世紀 60 至 70 年代的火紅年代，泰國掀起左翼運動，泰國的左翼學生運動也曾和香港的左翼相互呼應，香港學聯多次到當地考察，但這段歷史卻漸漸被遺忘。「半島東南亞」的三篇文章分別講述越南的「北派」和「南派」之爭、越南效法中國「革新開放」的發展與困局以及泰國火紅年代的潮起潮落。

4.1 越共臨時一大在香港 南北政治版圖解碼

◎ 黃宇翔

　　2021 年是越南統一的四十五週年。1975 年美軍敗退，南越政府崩解，翌年河內宣佈南北結合，全國統一，結束二戰後南北分治的局面，成立越南社會主義共和國。但建國以來的南派北派之爭，實是不同的政治理念與文化差異，兩種不同的勢力碰撞，改變了越南發展的軌跡。

　　「北派」的黨總書記阮富仲、總理范明正力主反貪腐、整黨；中部出身的「南派」前國家主席阮春福、國會主席王廷惠則向來主管經濟，兩派有所分工，也有所競爭，但對外則是一致的民族主義者。「南派」對於共產主義有更「彈性」的想法，「北派」則較注重意識形態和紀律。

　　現代的南派北派之爭遠可以追溯到越南王朝歷史，近則可以由越南戰爭裏北方「越南勞動黨」與南方「越南南方解放陣線」說起，但很少香港人知道的是，越南共產黨臨時一大就在香港召開。在第二次世界大戰前，香港曾是東南亞革命組織的情報中心，甚至是革命策源地。越南曾經在 70 至 80 年代初輸出大量船民，香港人普遍對越南都有着模糊的印象，但對於

越南政治則甚少了解。事實上，在香港召開的臨時一大影響深遠，主宰了越共從 1930 年起，直到 1991 年期間的外交、軍事政策。

越共與香港淵源

　　1930 年是世界經濟大蕭條後的一年，經濟大蕭條的出現，更讓當時如日中天的共產主義蓬勃，彷彿宣示了資本主義的末日，共產主義天堂快將到來，東南亞各地與民族主義結合的共產黨也如雨後春筍般出現。中國共產黨在 1921 年誕生，而 20 年代末，越南北、中、南地區出現了印度支那共產黨、印度支那共產主義聯盟以及安南共產黨三個共產黨組織，也是日後越共政治派系的雛型。越南共產黨於 1930 年 2 月在香港成立，領導人就是日後的國父胡志明（在香港時化名宋文初，自稱則常用阮愛國）。

　　1930 年 5 月 1 日，越北爆發了多次工農運動，農會、婦女會與青年會等黨組織紛紛成立。直到同年 10 月，三個共產黨組織集結在香港，召開臨時一大，地點據多方考證，就是九龍華仁書院舊址（旺角奶路臣街校舍）對出的露天運動場。當時為掩人耳目，與會者更假裝進行足球比賽，在嘈雜聲中達成決議，把三股共產黨合流為「印度支那共產黨」，意圖解放包括越南、老撾、柬埔寨在內的地區，革命並不局限在越南。後來「印度支那共產黨」在蘇共、中共壓力下進行改造，分成多個共產黨組織，但統一原法屬印度支那是越共長期的政治綱領。直到 1979 年中越戰爭爆發、1991 年中越關係正常化，越

南政府才正式放棄這個政治主張。在香港召開的臨時一大，政治意義之大可見一斑。

統一是獨立的延長線

2021 年是越南獨特的年份，逢五逢十的週年紀念有許多，饒富趣味的是「越南統一四十五週年」，現在越南的官方國名是「越南社會主義共和國」，正式建國是 1976 的 7 月 2 日，但統一紀念日則是 4 月 30 日，紀念 1975 年當日解放西貢。事實上，由解放西貢到正式建立新國家，還經歷了長達一年的談判，北方胡志明領導的越南北方與南方的越南南方解放陣線協議談判，於次年正式建國。

為何會有這一年的間隔？台灣暨南大學前教授梁錦文認為這涉及到越南人對獨立、統一的理解：「越南的國慶是 9 月 2 日，胡志明在河內的巴亭廣場宣佈越南正式脫離被殖民的狀態，正式『獨立』。」而解放西貢、實際完成統一則只是「獨立」的延長線。因此他說：「對越南共產主義者或今天越南的主流意識形態而言，『攻入西貢』『統一』等只是整個越南『獨立』的未完成步驟，是屬於獨立的一部分。」

越南把「解放南方統一日」定在解放西貢的 7 月 2 日，也更加強調統一是由北而南進行，突出越南勞動黨領導軍隊攻入西貢，把美國及其控制的南越政權趕走。

今天的南派、北派

越南是蘇維埃式的「以黨領政」國家，越南政府高層被稱

為「四駕馬車」，借鑑蘇聯的「三駕馬車」（Troika）。中國改革開放初期也出現過「三駕馬車」，區別則是中國的國家主席在「三駕馬車」中是榮譽性質，握有實權的是軍委主席、總書記和總理；而越南國家主席也具有實權，與總書記、總理、國會主席構成「四駕馬車」。越南前外交官、新加坡東南亞研究所越南研究項目高級研究員黎鴻協說：「由於越戰帶來的南北分裂和歷史記憶，國家團結被視為重要一環。越南共產黨希望確保領導人的選擇能保持地域平衡，維繫民族團結，防止植根於歷史記憶的地方主義情緒危害政黨政治。」因此越南會盡量讓「四駕馬車」出現派系平衡：「多年來，不成文的規定讓三個地區都能在包括黨總書記、總統、總理和國會議長的四個國家最高領導職位中有一個代表。」

以現今的最高權力來看，「四駕馬車」中，北方出身的阮富仲繼續掌握最高權力，卸下由 2018 年猝死的陳大光手中接過的國家主席之任，繼續擔任黨總書記；國家主席交給中部出身、受南方大佬阮晉勇提拔的阮春福；主管經濟的總理之位則由北方出身，屬於陳大光老部下的范明正。陳大光是阮晉勇的親信，但與范明正隔了兩重關係，相對沒那麼親近。國會主席是中部親信，阮晉勇的舊部王廷惠。大體上，北、中、南三方都有代表在其中，達到了一定勢力平衡。梁錦文則認為：「就『四頭馬車』而言，北派的阮富仲與范明正出任總書記與總理，而南派的阮春福與王廷惠分別出任國家主席與國會主席，南北兩派平分秋色。」

政治局 18 個人當中，國家安全部門代表的比例一向較

高。黎鴻協說：「因為南方十分重要，貢獻了越南四分之一的GDP。從第十三屆代表大會後的任命可見，越共選擇了多名來自南方的代表擔任高級國家和政府職位以作平衡，如武文賞（Vo Van Thuong）擔任秘書處常務委員，黎明慨（Le Minh Khai）擔任副總理和陳青敏（Tran Thanh Man）擔任國會副主席。」

誰是阮富仲的接班人？

現時越南最有權力的莫過於總書記阮富仲，和中國的習近平一樣，阮富仲也是通過反貪腐累積政治聲望。阮富仲更打破政治慣例，連任了三屆以及打破不成文的年齡限制，被視為自胡志明以後最強勢的領導人。現時中外形勢風雨如晦，越南則保持了穩定的局面。梁錦文認為：「美國拜登（Joe Biden）的對華政策，以及習近平是否會在 2022 年成功的連任，都是越南目前領導層必須要謹慎應付的問題。所以他們兩人大概會在這些因素塵埃落定時，才會退任。」

但黎鴻協也說：「（阮富仲）年紀漸大（現時 76 歲），兩年前曾經中風，而且超過了兩個任期的限制，合法性也開始受到挑戰。」「更不妙的是，阮富仲支持的繼任人陳國旺在年初的代表大會中未能獲得足夠票數上任……他缺乏權威，沒有足夠的支持。」陳國旺在丁世兄重病後，接任中央黨書記處常務書記，成為政治局委員，但在越共十三大未能更上層樓，躋身「四駕馬車」，甚至也不再擔任政治局委員。而其接任者，出身南方的武文賞，未來很有機會躋身「四駕馬車」。

　　阮富仲是當今越南罕有的熟知黨理論，並能化用為現實政策的人物。阮富仲自入黨以來，一直從事思想陣線、文宣的工作，從 1967 年到 1996 年一直擔任《共產》雜誌編輯幹部，最終擔任總編輯，直到 1997 年 12 月躋身政治局委員，負責思想、文化及科技工作。阮富仲一再連任，側面反映越共承傳黨魂乏人，要年屆七十六歲、十四大卸任時已屆八十的阮富仲舉起紅色旗幟，繼續貫徹整黨、反貪的任務。黎鴻協也說：「他的地位依然穩固，目前仍是越南政壇最有權力的人物⋯⋯反腐是阮富仲權威的源泉，對他來說，腐敗是對黨的重大威脅，要盡最大努力清理和守護黨，建立了廉潔的形象。」在阮富仲任內，最大的反貪成就是通過「越南國家油氣集團貪腐案」把政治局委員、胡志明市委書記丁羅升拉下馬，判處十三年有期徒刑，這在越共歷史上是非常罕見的案例。

外交一致　內政分歧

　　南方與北方儘管有着發展經濟、整黨反貪的分工，以至在黨內政策有分野，但整體上仍然和衷共濟，而且在外交政策上大體上保持一致的態度。越南共產黨保留着共產黨的名號，但早已放棄「世界革命」「進入共產主義天堂」的夢想，甚至在民主化進程中比中國走得更前，在外交上也保持務實態度。黎鴻協認為共產黨的合法性來自三方面：「第一，在解放和統一國家方面的歷史作用，這就是他們紀念勝利日等歷史事件的原因。第二，最重要的是經濟表現。越南共產黨通過提供經濟增長，讓每個人的收入和工作都變得更好等社會經濟發展來主張

其合法性，證明他們對國家做出的貢獻。因為如果人們對自己的工作和收入感到滿意，就不會關心誰掌權或挑戰黨的統治。第三是民族主義，尤其是捍衛越南的國家利益、主權和領土，尤其是在南海。這就是為什麼他們需要在南海問題上保持強硬立場。」

不論北、中、南部出身，越南共產黨員大體上都是民族主義者，為越南的國族利益而奮鬥，內政分歧不影響外交決策上維護民族利益的底線。中國社科院亞太所國際問題專家楊丹志認為：「越南所謂北方派更強調意識形態，更傳統，多出自文宣系統。風格偏穩健。近年來也是越南反腐的重要推手。越南南方派更務實，更開放。特別是重視面向歐美日等發達國家開放，更善於抓經濟問題。但在對外關係方面，越共高層都是堅定的民族主義者，都主張多邊化、多樣化的外交路線，不存在北方派和南方派的明顯分野。」楊丹志也提醒道：「不能簡單認定北方派親中、南方派親美。」

北、中、南的歷史淵源

歷史上，越南可以分為北方以京族為主、中部以占婆族為主以及南方以高棉族為主的三個國家，也就是越南的「三國時代」。1697 年京族滅了占婆，後於 1813 年併吞了由高棉族控制的南部，近現代的越南版圖才因此底定。行政管理上「阮氏王朝」也素來有北圻、中圻與南圻的概念，法國殖民時期則改之為東京、安南與交趾支那，可見北、中、南的劃分方法由來已久。

　　現代越南政治的北派、南派之分可以從越南戰爭期間說起。越南勞動黨佔據北方，是為「北越政權」，自然是北方人佔了多數。但在 1960 年代，越共派遣北方幹部支援南方進行革命，也就是「中央南方局」，與當地反吳廷琰政權的「南方民族解放陣線」相互配合，但兩者不盡相同。梁錦文也說：「（中央南方局的）阮文靈、阮明哲、張晉創等，他們與其下屬，才是今天越南政治上所謂的『南派』。」統一後，兩批成員除少數逃到海外，大多都成為新政府成員，也就是「南派」的源流。兩批人的歷史經驗有別，領導風格也有差異。黎鴻協就說：「大多數人認為北方人比較強硬和保守，而南方在南越政權下享受資本主義和自由市場經濟，因此較開放。現實上，這也因人而異，很難說。」

　　曾參與南方民族解放陣線，及後擔任南越共和國臨時革命政府司法部長的張如磉，後來因對北越政權失望，經印尼難民營逃往巴黎，罕有地披露統一前南方民族解放陣線與北方越南勞動黨秘辛的一手材料。張如磉在其回憶錄《與河內分道揚鑣：一個越南官員的回憶錄》（*A Vietcong Memoir: An Inside Account of the Vietnam War and Its Aftermath*），回憶南方民族解放陣線的成立，就提到：「我們大多數人不是勞動黨黨員，許多人幾乎沒有想到自己的政治色彩，甚至沒有想到甚麼意識形態的東西，我們在抵抗戰爭中的盟友，多數也是民族主義者，而不是具有政治色彩的人物。」而當時選擇阮友壽（後於1980-1981 年擔任代理國家主席）作為主席也是因為「他是個律師，曾和陳金冠同任和平運動組織主席，該組織由西貢的知

識分子組成，具有模糊的左翼傾向」。

南方民族解放陣線當中，到底有多少是勞動黨派到南方的人？這個問題不好解答，但基於當時「統一戰線」的考慮，肯定相當部分解放陣線成員並非勞動黨黨員，張如磉則認為只有「陳寶劍、黃晉發、阮文孝以及雍玉奇是有政治傾向（加入了勞動黨）的」。事實上，南方臨時革命政府國防部長陳文查本人就是北越人民軍的副參謀長。南方民族解放陣線的意識形態也較勞動黨更具有彈性。從黃晉發、阮文壽和陳寶劍三人在 1959 年起草的總協議就可見一二，當中有「四、保衛和維護越南公民的權力，包括享有民主自由的權利以及尊重私有財產權」「五、實行耕者有其田政策」「八、建立一個多元民族政府，對外執行不結盟和中立政策」等條款。綱領包括了保護私有產權，具有相當的資本主義色彩，甚至不主張一邊倒地親蘇或親美，至少和北越勞動黨政府的共產主義理想還是具有差異的。

南方幹部大量進入中央政府並掌握權力，是從 1976 年越南正式統一開始的。根據學者梁錦文的統計，1960 年代的第三次代表大會政治局委員只有黎筍、范雄與黎德壽三人是有南方背景，其餘 77% 都是北派人士。統一後，「中央南方局」「南方民族解放陣線」成員加入新政府，政治局委員當中已有 41% 是南派人馬。

南派大佬阮晉勇

直到 1982 年越共五大時，北派主導的「斯大林模式」引

發經濟蕭條，國家又深陷中越戰爭泥沼，南派漸漸掌握經濟規劃權力，黎筍、范雄、黎德壽等南派人士都成為政治局委員或候補委員，南派在政治局當中已然過半，達53%。及後1986年越南決定進行「革新開放」，經濟需要得到發展，但黨內意識形態爭論不絕，南派、北派勢力此消彼長，時至今日大體上保持平衡。

越南政府裏被視為「親美」、奉行較激進市場化改革的，就數前總理阮晉勇，其女婿阮寶黃甚至是美國籍，更是原南越阮文紹政權內閣副部長、1975年出逃美國的阮邦之子。阮晉勇2001年就在政治局委員中排名第五位，他在2006年至2016之間擔任總理，帶領越南加入「世界貿易組織」（WTO），與歐盟、韓國簽定自由貿易協定，更加入先由美國主導、後由日本接力的「跨太平洋夥伴全面進步協定」（CPTPP），期間越南人均GDP增加三倍。他被視為越南經濟改革的幹將，但同時也因為家庭、涉嫌貪腐受到質疑。阮晉勇的女兒阮清鳳是越南財金名人，執掌着投資基金公司「越南資本管理」（Viet Capital Asset Management）和證券公司「越南資本證券」（Viet Capital Securities）。2012年的越共十一大，阮晉勇就因為經濟與金融問題受不點名批評，雖然最終沒有受到處分，但也卸任政府總理。

阮晉勇在2016年的十二大後退休，謀求成為黨和國家最高領導人的希望幻滅，但他的派系仍然勢力強大。直接的利益交換結果是長子阮清誼子承父業，在2016年以三十九歲之齡當選越南堅江省省委書記兼中央委員，更是最年輕的中委會成

員；次子阮明哲則是平定省執委，是該省五十五名省委級幹部最年輕的一位。2016年的十二大裏，「四駕馬車」中除了國家主席阮富仲，更全是阮晉勇一手提拔的人馬，但2018年國家主席陳大光猝逝，阮富仲兼任國家主席。直到十三大，重回「四駕馬車」體制，阮富仲則提拔了「北派」公安部出身的范明正任總理，主管經濟，讓「四駕馬車」達至兩派平衡。世事如棋局局新，時至2023年，越南原國家主席阮春福因政府嚴重貪污案下台，代之為派系色彩較模糊的武元賞，政局更為阮富仲所掌控。

　　2021年是越南饒富意義的一年，除了國家統一四十五週年，更是「革新開放」三十五週年以及中越關係正常化三十週年。南派、北派之別影響了越南的政局，也揭示了反貪腐、發展經濟是社會主義國家現代化必不可缺的兩大基石，唯有同時兼顧，才能令越南共產黨具有穩定的合法性來源，達至長治久安。

4.2
越南經濟新奇蹟
革新漸變成冒進

◎ 黃杰

　　越南經歷革命內戰、美越戰爭的摧殘，破壞了戰前法殖時期僅有的南越工業體系。當北軍揮師南下統一之時，國家已是一貧如洗。繼後在蘇聯經濟互助委員會（СЭВ）時期也未見起色，生產總值持續下滑，並出現去工業化。可是爾後越南積極改革，試圖模仿中國模式，最終成就了東盟中的經濟奇蹟，在世界產業鏈上已佔一席之地。但是由於學習深度不足，越南經濟依然危機四伏，需要加深融入區域合作方能險中求進，否則難以保持現有經濟成就。

　　在追求超高速發展的背後，越南經濟長遠來看並不穩定。對外資過分妥協的短期利益使越南出現了一種「冒進心理」，以為繼續無底線開放就能致富，已跟當初「革新開放」（Đổi Mới）背道而馳。現在西方媒體不斷吹捧越南的發展成就，將其說成「下一個中國」，其實是根本不現實的糖衣毒藥。他們對越南的肯定，純粹是從外資投資的角度出發，只是想找一個代工廠，毫不關心越南自身長遠發展。例如在基礎建設、產業升級等問題上，越南完全沒有學到中國改革開放和現

代化的精髓。

越南戰後經濟

　　說到越南，大部分華文讀者最深刻的印象可能是周潤發和梅豔芳出演的《英雄本色 III：夕陽之歌》。影片述說華僑在越戰中逃難的故事，其中走私美元、黃金的情節符合史實。當時逃離越南的 200 萬難民大都變賣家產換取黃金，並付上高昂的買路錢給蛇頭、航空公司及輪船公司。統一初期，越南人才和資金流失極為嚴重。

　　民間經濟掏空出走，國家經濟也如入寒冬。統一前南越高度依賴美國援助，美援佔政府開支的 52%。北越勝利後，不但美援成絕響，更遭受美國制裁。當時越南生產總值僅 30 億美元，比安哥拉和突尼西亞更少，縱使越南人口是他們的 7 到 10 倍。戰後的越南是世界上最貧窮國家之一，還有平均 40% 的通貨膨脹。國庫也僅存時值 1.2 億的黃金儲備，實在無以為繼。

　　這使得越南不得不加入蘇聯的經濟互助委員會，官方制定統一價格，實行全面計劃經濟。這段時期越南最大貿易夥伴是遠在天邊的莫斯科，可是沒有穩定貿易路線，根本無法發展出口產業。1985 年，越南更因糧食不足而導致超級通脹，越南盾貶值至七分之一。結果越南成為經助會中最貧窮的國家──經濟衰退，產業凋零，去工業化。

　　經濟活動低迷，地下經濟盛行，政府和國際機構也難以準確統計此時越南的經濟狀況。於是在 1979 年 8 月的六中全會

上出現激烈爭論，呼喚要開放市場。翌年，越共總書記黎筍被迫終止計劃經濟，北越集團作出歷史性讓步，足見當時經濟狀態何其之差。

革新開放換新天

百廢待興的越南，可謂失去了四十年的發展機會，加上飽受戰火煎熬（美越戰爭、中越戰爭，以及超過 1000 場邊境衝突），官方輿論場域呼喚着一場巨大的社會改革。而他們在中國身上看到希望。至 1986 年，改革開放讓中國生產總值提升 3 倍，短短八年內成就驚人。中越關係雖然非常惡劣，因為中越戰爭中有 8 — 13 萬越軍戰士死於沙場，可是此時蘇聯已是強弩之末，並停止對越南援助。因此越南黨內達成共識：唯有靠中國模式才能使越南站起來。於是越南在 1986 年便開始了歷史性的「革新開放」。

革新開放的內容開始時和中國的改革開放幾乎一樣，不急於追求西方市場自由化模式，而是按照國內產業狀況，循序漸進一步步解決民生就業問題。當時，70% 的越南人是農民，因此革新開放首先就要解決農民問題。放寬農地使用權、引入市場機制、實現農業現代化，結果越南在短短數年間終於穩住了國家經濟基本盤，在失去發展的四十年後，初嘗勝利的果實。

至 1990 年，越南經濟成就厚實，又擁有世界上最廉價的大型勞動力，引來美國資本的青睞。發展越南、制衡中國，是美國國際開發署（USAID，坊間又稱「經濟 CIA」）當時採取的策略。因此美國取消對越南的制裁並對其投資。美元資金

為越南的輕工業化帶來曙光。越南仿傚亞洲四小龍的初期經驗，走向出口經濟，發展輕工業，建立外國投資法案，允許外國企業進入。此舉促成美越 1995 年建交，2000 年簽訂雙邊自由貿易條約。

但是有別於其他接受美援的國家，越南在中國身上學習到發展區域經濟的重要性，因此在與美國建交的同時又加入東盟，因為和鄰居貿易可以節省大量運輸成本。所以可以說越南盡收美國與東盟兩邊紅利。越南採取了正確的發展策略，人均生產總值從 1990 年的 95 美元上升至 2019 年的 2700 美元，三十年間增長驚人。同一時期，越南人口增長了 25%，成為一億人口的大國。越南更將極端貧窮人口比例由 60% 減至 5%，經濟發展之餘承擔起社會主義的滅貧責任。

華流政策興百業

越南的經濟政策方方面面仿傚中國，包括革新開放、打造股票市場、大開工業園區、創造經濟特區、加入世貿組織、制訂產業政策、發展科技產業、簽署貿易條約、貨幣宏觀調控、重視人才培訓等，加上文化方面的種種模仿，這個現象在越南有個特殊的名字，叫「華流」。雖然華流是一種抄襲，但勝在目前為止行之有效，所以也被大部分越南人民接受。

越南華流政策最成功的案例是工業園區和經濟特區，分佈在北、中、南部 3000 多公里長的海岸線上，吸引了世界各地的外資企業紛紛前來設廠。外商直接投資（FDI）由 1990 年的 2 億升至 1999 年的 14 億、2009 年的 76 億、2019 年的 160

億。增長速度甚至超越東盟大國、世界第三大外商直接投資國新加坡。雖然遠遠不及中國同期增速，但也十分驚人。

根據現代產業政策理論，工業園區是發展中國家邁向工業化最有效的工具，它集中了技術資源、基礎建設和勞動力人口。越南充分利用北部以首都河內為中心的紅河三角洲和以胡志明市為中心的湄公河三角洲兩大平原的地理優勢，建立了561個工業園區，其密度甚至比中國更高。工業園區的企業入駐率達75%，為這兩座城市提供大量就業崗位。

南北兩大工業園

河內倚北靠近中國邊境，其「北部重點經濟特區」（NKEZ）有條件與中國產業鏈合併，產業以高附加值的電子產品、機械類為主。從六年前開始，三星、富士康、佳能、LG、台塑、立訊、緯創、仁寶、和頤、英業達、英特爾、微軟等高科技公司都已在此區設廠。這些公司全部都是將原本在中國的生產線遷入越南，已經築成了一條「成渝—河內產業鏈」，靠一帶一路的《西部陸海新通道總體規劃》實現了兩地「補鏈成群、建鏈成群」。

成渝地區對東盟出口貿易額中，越南一國就佔了60%，足見「成渝—河內產業鏈」合作之緊密。中國為越南輕工業提供了50%的原材料，為電子產業提供了33%的原材料，多為集成電路。還有越南每年從中國進口150萬噸新疆棉紗，成為紡織業大國。中國是越南本土輕工業的重要支撐，這些產業的附加價值雖然不高，卻補足了越南本土產業的發展需求，而非

像其他國家的資本只把越南視為代工廠。因此，與中國合作對越南長遠發展更有經濟價值。

河內和中國的成渝地區成功對接，全靠中國出資建設基礎設施。而在越南國內南北之間只有一條非高速公路（高速公路仍在建設中），相距 33 小時車程。因此河內和胡志明市幾乎是彼此隔絕的兩個經濟圈，所以其工業園區的產品也自然不同。倚靠海路的「南部重點經濟特區」（SKEZ）多以輕工業、家具製造業等低附加值、體積大的產品為主，但該區是越南對接外部的重要交通樞紐。以西貢港為中心的港口群佔越南所有港口吞吐量的 70%，是越南最重要出口貿易的關口。

工業園區的建設使越南可以大規模出口工業產品，排在首位的是三星的電視機，佔出口總值 25%。越南工業產品最大的銷售國是美國，佔 23%，其次是中國、南韓和日本。越南也是美國的第三大貿易逆差國，僅次於中國和墨西哥。

這驕人的成績背後是因為越南擁有龐大的勞動力大軍，且其平均年齡比中國勞動人口小 7 歲。越南有 28% 的製造業勞動人口，比中國比例更高。其中一個原因是因為越南文化中女性大多外出工作，比世界平均女性勞動人口比例高出 25%，比中國高出 20%。廉價又龐大的勞動大軍是越南工業化的中流砥柱。

教育政策更先進

成就了越南經濟奇蹟的另一項「華流」政策就是他們對教育的重視。教育是中國最大的公共開支，佔生產總值的

3.5%。越南雖然高校比例比中國低非常多，入學率僅 20%，卻能後來居上，將 GDP 的 4% 花費給教育事業。因此，越南中學生的閱讀和數學能力已經超越絕大部分已發展國家，更在科學領域排名全球第四。可見越南十分認真培訓人才，不只是為了滿足現在的工業化勞動市場，更是為未來發展做準備。

對外資過分妥協

失去了四十年的發展機遇，越南經濟轉守為攻，卻有點過急冒進的心態。這種「冒進心理」讓華流政策越走越歪，尤其對接受外國直接投資有過分輕率之嫌。越南於 2007 年加入世貿，此後外資大規模流入，至今佔其工業產值的 50%，其中三星就佔了 25%。英特爾更在胡志明市出資打造全球最大的封測廠，並將 80% 的芯片製造額都放在河內。但是越南只是為這些大企業的代工，雖然創造了數量龐大的就業崗位，但是並不掌握技術，導致對外資的依賴極為嚴重。

越南對外資嚴重甚至失衡的依賴，反映在越南的特殊稅制。例如，三星在越南享有零出口關稅，這是三星當初投資越南的主要原因。三星在越南有着巨大的影響，越南從韓國進口大量電子設備、食品及原材料，並且韓國為越南第二大進口國。研究越韓關係可以了解越南潛在的經濟問題。

2015 年，越南和韓國簽訂《越韓自由貿易協議》（VKFTA），並為 265 項韓國商品提供 9 億美元的免稅額。相反，韓國只為越南提供了 3 億免稅額。這當中有 3 倍的差距。當時，越韓貿易總額為 300 億美元，至今已達 1000 億，所以

這個差距又再拉闊了。2018 年，韓國超越中國成為越南最大的貿易逆差國，反映越韓關係中韓國一直是強勢主導方。越南官媒越新社更以「越南企業未能充分利用該貿易協議帶來的好處」為題，指出只有 23% 的企業享受到《越韓自由貿易協議》的優惠待遇。

越韓經貿關係反映了越南稅制的問題，但這只是冰山一角。事實上，越南為了吸引外國直接投資，制訂了一個「4+5」的極低企業稅率體制。凡是投資越南的外資，在開始盈利起的頭四年，均無需繳付任何稅款，其後五年則可享有 50% 的免稅額，即只需要繳付 10% 的企業稅。以中國和美國作為比較，中國的企業稅是 25%，高科技產業 15%；而美國則是 21%，並且拜登提議將其增高至 28%。越南超低稅率的冒進政策雖然可以在短時間內吸引外資，但是過了九年免稅期後就很難說了。

超低稅掏空財政

超低稅率政策使到越南的「賦稅收入佔國內生產總值百分比」（Tax Revenue to GDP Ratio）從十年前的 22% 跌至 2020 年的 15%，可見政府稅收不足且持續降低。作為比較，經合組織（OCED）的平均比例是 34%，拉丁美洲是 23%，非洲是 17%。不但如此，越南對本國人民徵收的 35% 的所得稅，是東盟最高稅率的國家，而對越南工作的外籍人士只收 20%。這種歧視政策實在讓人無奈。

在銀行和金融企業方面，美國也不斷施壓要求其開放貨幣

市場。雖然越南參考中國經驗,極小心地宏觀調控貨幣流通量,但是此舉卻引來時任美國總統特朗普在即將離任前將越南標註為世上唯二的「貨幣操縱國」(另一個是瑞士)。甚至連現任總統拜登在上任第二天就利用「第 301 條法案」(S. 301)繼續將越南列為貨幣操縱國,甚至聲明有機會制裁越南。越南官方媒體對此大力批評。他們天真地以為,只要繼續向美國開放就會得來善意對待,可是事實卻正相反。

這就是小國在美國金融資本面前的命運。就算推行華流政策,美國也會不斷收窄越南的政策空間(policy space)。結果就是華流政策越走越畸形,盲目地更加冒進開放。越南作為小國,不能像中國工業園區那樣從原材料到物流提供「一條龍服務」,對外資更是沒有大國討價還價的能力。這讓越南唯一的相對優勢就是超低稅率,這種發展是不正常的。

又例如,越南和墨西哥的國庫儲備也是有比較價值的一個指標。兩國分別為美國第二和第三大貿易逆差國,人口和經濟體量也大致相似,可是越南的國庫儲備僅是墨西哥的一半。這和中國在 1993 年至 2013 年實施的金融政策(大量購買美債)是背道而馳的。過於冒進的經濟政策加上來自美國的壓力使越南財政失衡。

冒進開放失平衡

前文強調越南失去了四十年的發展機遇。戰爭的創傷加上對富裕社會的渴求,讓越南產生了一種冒進心理,從而採取變形的華流政策,只學其一,不知精髓。這種冒進政策沒有為越

南帶來更多益處。比較越南和中國：中國在千禧後的前十年每年均有雙位數增長；而越南從未有過，只達到了平均 8% 增長水平。這更加深了越南的冒進心理，急於追求更高速發展，可是越走越偏離了華流政策原意。

因為他們學習中國，卻從未趕上過中國的發展速度，故而形成了冒進心理。而美國彷彿看穿了越南的冒進心理，並加以利用。在 1999 年的互聯網泡沫（dot com bubble）和 2008 年爆發金融海嘯（Global Financial Crisis）之後，美聯儲印鈔救市，金融企業急於找尋下一個資本的尋租空間，因此美國從克林頓時代就開始就遊說越南進行兩項國企改革，並將之稱為「第二波革新開放」。美國還找來受其控制的經合組織和亞洲發展銀行發表研究報告，為此舉背書，聲稱國企改革可為越南帶來額外 2.5% 的生產總值。

第一項國企改革政策就是把越南參考中國改革開放最有標誌性的政策取消，允許外資持有國企股份超過 49%（除了跟國安有關的國企）。這舉如同將越南大部分國企完全私有化。結果是甚至連橡膠產業、石油產業、電力、移動、煙草、郵政等機構都落入私人資本手中。至 2013 年，已經有多達半數的國企被收購。這無疑在短期內為越南帶來了更多外資，可是卻出賣了重要的公有財產。

第二項國企改革政策就是縮減、重整、合併國企。這讓越南原有的 12000 家國企在二十年之內只剩下 103 家。在合併的過程當中，雖然形成了一些強大的超巨型國企，但是得不償失。在本世紀之初，國企佔越南的生產總值 40%，到了 2020

年只剩下 20%。而中國的國企佔全國生產總值 28%，雖然中國也有國企改革，但是中國的國企改革是與國內民營資本合併，拒絕外資進場干涉公有服務。

基建落後拖發展

越南的冒進心理使他們刻意和中國保持距離，拒絕中國援建基礎設施的計劃。中國一般和發展中國家的合作模式就是先替他們進行基建。在「人類命運共同體」於 2018 年寫入憲法之前，習近平曾低調出訪越南、老撾兩個社會主義國家，尋求推動人類命運共同體計劃。老撾答應了中方要求，簽署了世界第一份《構建中老命運共同體行動計劃》。而中國則為他們打造水力發電和智能電網。如今在東盟南亞國家之中，65% 的電力供應都需要經過老撾智能電網。

可是越南卻為了保持西方外資進場，拒絕和中國簽訂該計劃。這使到中國無法幫助越南建設基礎設施，導致現時越南基建十分落後。越南僅有 1400 公里的高速公路，雖然已經比過去十年多了一倍，但是仍落後於斯洛伐克等國家。這其中大部分甚至是日本透過亞洲發展銀行援建的。因為越南國庫的少量儲備根本無法投資大型基建項目，這使得越南的國內發展及與東盟對接的水平相對落後。

而作為一個海岸線極長的國家，越南的水路基建其實也不發達。以胡志明市海港群為例，雖然過去十年運貨量（以標準箱容量計算）提高了 3 倍。但是如果與中國各省比較，根本連前 10 名也擠不上。連人口只有越南一半、生產總值相若的遼

寧省的海上物流也比越南發達。遼寧營口港的規模也超越胡志明市。在航空方面，遼寧省共有 12 個民用機場，其中 4 個為軍民合用；相反，越南僅僅只有 5 個民用機場。

吸引外資設廠是一件短期內可以做到的事情，但是基礎建設則需要長時間才能建成，如果越南現在還不起步，恐怕十年後將會嚴重落後，甚至拖累產業發展。

失焦的產業政策

外資主導產業政策的短板就是奪取了本土產業成長的機會成本。相對於按步就班地優先建設本土產業，跨國高科技公司的投入令到越南政府自以為可以跳過傳統產業的晉級階梯，一躍而上的從製造業直接跳至高科技產業。這種失焦的情況跟莫迪於 2014 年推出的「數字印度」計劃所犯的錯誤有點相似。在印度，超過一半的人口還在使用 3G 網絡，在這樣差的通訊設備之下發展高科技產業是不實際的。「數字印度」只惠及了新德里極少部分的精英，更不會帶來產業結構轉型。

越南科技部於 2013 年便大膽提出「越南矽谷」（VSV）計劃，又在 2016 年和微軟簽訂合作備忘錄，並提供 21 億美元補貼金。但是，越南僅有一半人口能上網，其中 80% 還在使用 3G。越南的大學生人數較少，高級工程師更少。在這個前提之下，「越南矽谷」是不切實際的。註冊一家科技公司很容易，但是網絡基建、投資尖端科研、培養高質人才，都需要很長時間。如「數字印度」一樣，「越南矽谷」帶來真正產業升級的機會實在不大。

來自台灣的北大經濟學家、前世界銀行首席經濟顧問、世界產業政策權威林毅夫在他的巨著《新結構經濟學》中提到，產業升級有兩個主要條件：一是有沒有比較優勢；二是該產業生產總值現時體量比例符不符合世界市場。在越南，連通訊和數字基礎設備都還未建成，也沒有高品質的工程師團隊，自然沒有比較優勢。另外，美國矽谷的經濟體量是 20000 億，越南連邊也沾不上，就想和美國競爭並在國際市場上獲利，這是違反經濟學常識的。

再舉一個例子，上世紀 60 年代日本、德國、美國都在發展汽車產業的時候，南韓政府看見這是一個利潤龐大的科技產業，就也想發展汽車工業，甚至將進口汽車關稅加至 50% 來保護本土汽車產業的成長。但是，當時韓國汽車產業的體量只是國際市場的 5%。想靠這樣少的體量和國際大品牌競爭並且獲利，是一點都不實際的想法。所以，韓國汽車業發展的故事基本上鮮為人知。「越南矽谷」的計劃也是一樣，不乎合客觀經濟條件，又是一種冒進政策。

如果越南真的要發展高科技產業，那麼就先要達到兩個條件。第一，設定強制性產業政策，要求那些把越南視為國際代工廠的企業於一定時間內進行技術轉移（technology transfer）。有了技術才可能談產業發展。第二，先專心進行國內互聯網基礎設施建設和人才培訓，為建設高科技產業提供客觀條件。否則，冒進地投入高科技產業並不會促成產業轉型和經濟收益。

作為參考，三星一開始的時候並沒有冒進追求最高科

技，而是穩紮穩打制造雪櫃，一步一步技術升級才成為今天的
三星帝國。這才是正確的產業政策，因為產業政策的最大目標
就是要在國際市場上獲利，不管造出來的東西是否最高級，獲
利才是本質上最重要的。一味追求最高科技，不但不現實，也
和常理背道而馳。

社會主義的遺產

　　上述舉出極多案例說明越南因為戰亂之殤和欠缺發展而
產生一種冒進心理，並不是為了貶低越南，而是一種客觀描
述。如果對這種冒進心理加以適當應用，其實甚至可以造福社
會。例如，上述越南的滅貧功績就是一例。這也是越共參考中
國滅貧經驗實踐成功的華流政策。

　　另一個因為冒進而惠民的華流政策是越南每年大幅上調最
低工資。越南的人均生產總值是中國的 27%，可是平均最低工
資是中國的 48%，說明越共對於人民生活的最低保障有非常高
的要求，比中國走得更前。這也是他們謹守社會主義原則的
結果。還有一個案例就是在本屆的五年計劃中，越南訂下在
2025 年前將農民收入提升一倍的目標，實在十分激進。

　　越南最低工資在過往十年翻了 3 倍，比中國增速還要快。
這也是為甚麼越南人民非常擁護政府。德國民調機構 Latana
在 2021 年做的世界性民意調查顯示，越南人民對政府的滿意
度在多個範疇名列世界第一，包括「充分的民主」「為普羅大
眾服務」等。

　　其實，越南只要對外資管理多一點，而不是一味讓步，其

未來發展就沒有甚麼太大的問題。而要有討價還價的餘地，就要背靠中國和東盟這兩座大山。在產業政策上，越南可以多經營輕工業，加大對東盟的出口，使區域合作更加團結，亦加強自身的經濟實力。而現在 RCEP 已經簽訂，「融入亞洲」可謂一件天時、地利、人和俱備的事情。只有亞洲越來越強大、越來越團結、越來越緊密合作，整個區域的經濟才能在全球資本主義的擴張之下穩步成長。

4.3 火紅年代的泰國與香港
冷戰血淚照亮學運路

◎ 黃宇翔

　　2021 年是泰國法政大學屠殺的四十五週年，雖然時隔四十五年，但隨着泰國學運持續至今，法政大學屠殺依然具有強烈政治意義。當年參與屠殺的團體及後通過政變掌握政權。在 90 年代末的民主化浪潮後，法政大學屠殺漸漸獲得解凍，二十週年之際在泰國成功召開紀念座談會，及後在大學校園出現正式紀念活動、研討會。而在四十五週年的紀念活動裏，泰國反對派、前未來前進黨黨魁塔那通以及被捕學運領袖的家屬都有出席，除了紀念對當年屠殺的平反，也在關注今日泰國學運未終結的怒火。

　　在 2020 年席捲全泰的學運裏，四十四年前的「法政大學事件」也是啟發學運領袖走上街頭的原動力。法政大學（Thammasat University）數十年來都是泰國學生運動的基地，以法政大學學生為核心的「法政與遊行聯合陣線」（United Front of Thammasat and Demonstration）是 2020 泰國學運的中堅。學運領袖帕努沙亞（Panusaya Sithijirawattanakul）也屢屢出現在傳媒的鎂光燈下，是最廣為人知的運動象徵之一。時

至今日，校園裏仍然有紀念法政大學屠殺的展覽、燭光在校內出現。法政大學具有濃厚的抗爭傳統，法政大學校長頌奇（Somkit Lertpaithoon）也說大學一直以來都向學生講述當日的黑暗歷史，致使數十年來薪火相傳，造就 2020 至今的學運浪潮。

台灣佛光大學副教授、南向辦公室主任陳尚懋接受訪談時也說：「大多數學生都是聽父輩提及法政大學事件，有點像台灣的『二‧二八事件』，我們比喻那是民主改革的『提款機』，作為選票的宣傳。而在這次學運裏，法政大學事件是被套在威權問題當中去理解的。學生選擇舉行大規模示威的日子十分有考究，像是 9 月 19 日的示威呼應 2006 年把塔信趕下台的『九‧一九政變』，10 月 14 日的大規模示威也是呼應 1973 年的 10 月 14 日事件（學運促使軍事獨裁者總理他儂‧吉滴卡宗下台），這都是類似的操作。」

泰國與香港火紅年代

當今香港人恐怕很難想像，香港的學生運動也和泰國學運有深厚淵源。60 年代到 70 年代是世界的火紅年代，隨着越戰火光傳遍世界，也迎來左翼運動的高潮，在第一世界的發達地區同樣紅旗飄飄。還是學生的希拉莉、奧巴馬也是左派，參與反越戰運動。日本最高學府、首相的搖籃東京大學也爆發了「安田講堂事件」，左派學生佔據安田講堂與警察混戰，學生的汽油彈、警察的催淚彈亂飛。若抽空歷史語境，恐怕會讓人聯想到近年香港發生的事。即便是遠在歐洲的法國，也在

1968 年爆發「五月學運」。

處於火紅年代的香港，也曾經與泰國學運世代有密切的互動。70 年代初任亞洲學生協會、香港學聯秘書長的徐永祥曾多次到訪曼谷，考察當時學生運動情形，香港學聯也在 1975、1976 兩年舉辦考察團，深入泰北山區，訪問全泰學生中心，了解學生在清邁等地參與農民運動的經驗。考察團代表更贈送紀念品予全泰學生中心代表，當時《學聯報》等機構都有報道。但經年月流逝，刊物流失，只留下零碎文獻，仍待整理。

學生領袖通猜回憶

法政大學屠殺發生在 1976 年 10 月 5 日晚上，持續到 10 月 6 日的中午，時間長達 12 小時。警察、邊境巡警以及「納瓦朋」「紅色野牛」和「鄉村保皇軍」等民兵組織約 3000 人封鎖了這所泰國最古老的大學，右翼民兵、警察以美製 M16 突擊步槍、M79 榴彈砲攻擊校園，意圖殺死校內的左翼學生，但在執行上則是無差別的屠殺。按官方紀錄，死者 46 人，傷者 180 人，期間更發生民兵強姦女學生等暴行，失蹤人數則沒有計算在內。學界普遍認為死亡人數遠多於官方數字，但至今沒有較詳盡的研究、統計，人們普遍相信有超過一百人死亡。

通猜・威尼查恭現為美國威斯康辛大學麥迪遜分校榮譽教授，在法政大學屠殺那年，他也像當時的香港學生和泰國學生一樣，是火紅年代裏的左傾學生，早早加入了社會運動的行列。法政大學屠殺那年，他剛過了 19 歲生日，是二年級生、

法政大學學生會的副會長，目睹和見證了整個屠殺過程以及左翼運動的歲月。後來他雖然成為研究泰國歷史和經濟的學者，但從來沒有忘記 1976 年 10 月 6 日發生的大屠殺。為了寫作這段屠殺歷史，他在 2016 年辭去教席，全力投入寫作，終於在 2020 年出版了 *Moments of Silence: The Unforgetting of the October 6, 1976, Massacre in Bangkok*（《沉默時刻——難以忘記的 1976 年 10 月 6 日，曼谷大屠殺》），這是目前關於法政大學屠殺最為詳盡的書籍。

通猜憶述在 10 月 5 日晚上，民兵組織「紅色野牛」與部分警察共約三千人開始向校園開槍。自 10 月 6 日凌晨兩點開始，槍聲零散地從校園周圍響起；四點左右，槍聲變得密集；到了破曉時分，在 M79 榴彈砲轟擊後，槍聲就幾近無間斷地響起，五分鐘裏只有十至十五秒沒有槍聲。民兵與警察封鎖校園，甚至禁止傷者離開校園到醫院醫治。通猜作為學生領袖，在現場多番呼籲：「警察兄弟們，請停止開槍，我們和平、手無寸鐵地聚集……請不要殺人，我們請求你們，請停止開槍。」自然也是毫無結果。直到 10 月 6 日中午忽然下起暴雨，民兵和警察才停止了屠殺。

隨着時間過去，屠殺經過漸漸清晰，但前後脈絡仍迷霧重重。通猜也提出疑問：到底泰國皇室以至美國政府在屠殺裏有沒有角色？

夭折的左翼革新

法政大學屠殺終結了泰國左翼民主運動的高潮。在法政大

學屠殺前，國外是冷戰美蘇劇鬥的高潮，中國處於文化大革命，越南戰場上美國被越共壓制。

隨着經濟發展，泰國大學生人數由 1961 年的 15000 人增長到 1972 年 15 萬人，大學也由 5 間增加到 17 間。新興的學生結合全球的左翼運動高潮，泰國進入了學運的大時代。1968 年成立的「全泰學生中心」（National Student Center of Thailand）統合朱拉隆功大學、法政大學以及馬希竇大學等多所泰國學府，成為學生運動的中堅。1973 年 1 月美軍撤出越南戰場，更刺激了中南半島的左翼運動。同年 10 月，超過四十萬的曼谷學生聚集在民主紀念碑前，爆發了後世所稱的「1973 年人民起義」，成功打倒軍事獨裁者他儂·吉滴卡宗，他儂接着逃亡到美國。泰國開啟了短暫的「民主實驗時期」（Democratic Experiment），軍方影響力是 20 世紀以來的最低點，黨禁、報禁、媒體審查以及結社禁制基本上被取消。

從 1972 年到 1976 年間，在「全泰學生中心」的領導、協調下，泰國學生中出現了泰國版自發的「上山下鄉」熱潮。學生到鄉間幫助農民解決經濟問題，也協助農民建立「泰國農民聯盟」。這波左翼運動浪潮還席捲了向來被視為保守、親軍方的佛教僧團，即所謂的「左翼佛教」（Engaged Buddhism，或譯「入世佛教」），誕生了「泰國比丘及沙彌中心」「泰國年輕僧侶陣線」等追求社會平等的左翼僧團。他們公開支持農民土改、城市工人改善生活條件的訴求，甚至支持泰國社會主義政黨在 1975 年參選。在 1974 年 11 月由「泰國農民聯盟」組織長達兩星期的農民集會上，集結了包括工人、農民、學生以及

僧團，最後一天的遊行更有 50000 人參與。同期成立了泰國佛教徒聯盟（Federation of Buddhist of Thailand, FBT），一年後會員就達 3000 多人，多是 30 出頭的本科生、研究生背景的學問僧。

連由皇室、軍方支持的僧團都左翼化，這使得政府震驚，也刺激了軍方和右翼團體的神經。與此同時，更讓軍方恐懼的是泰國共產黨在 1973 年後滲透到學生運動群體中，使運動急速左轉。法政大學屠殺前，泰國國內左、右兩翼對立就相當嚴重，溫和、中間立場的政治派系被邊緣化。素叻‧司瓦拉時至今日仍是泰國最具影響力的宗教領袖，他當時就曾批判學生試圖推翻一切傳統，認為這條道路行不通，但被嘲諷為「佛法總司令」，不少年輕僧侶都離開了素叻的圈子。

1976 年 9 月，被學生運動驅逐的前總理他儂‧吉滴卡宗返回泰國，引發大規模學生示威，而法政大學校園就是運動的中心。10 月 4 日，學生在校園內發起示威活動。從他儂能夠回國，也不難看出皇室與政府已漸漸傾向軍方，疏離左翼的學生運動，悲劇的種子已經撒下。

轉進泰北山區

法政大學屠殺重創了當時如日中天的左翼學生運動，除了溫和勢力左右不是人，數以千計激進的大學生逃往泰北森林。當時泰國政府對地方控制能力薄弱，通緝令出了曼谷便難以執行。這支生力軍的加入，令 1942 年創立的泰國共產黨急速發展。據估計，當時的泰共武裝力量達到 6000 至 8000 人，

有一百萬支持者。現任泰共中委帕立差就是法政大學學生，但他更早進入森林，在 1967 年就加入泰共。前泰共遊擊隊成員阿迪現年六十四歲，1976 年學潮時期是法政大學學生，在軍人政府鎮壓學生後走入泰北，1985 年才走出森林，回到曼谷繼續深造，及後成為一名律師。

　　泰共全盛時遍佈全國 40 個省，全國近半數府、縣及鄉村有泰共的力量活動，較溫和的社會主義黨也和泰共結盟。直到 1979 年中越戰爭爆發，越南切斷了泰共來自中國的支援，同時禁止泰共在越南境內活動，使泰共實力大減。1980 年代，泰國政府向泰共提出懷柔政策，頒發特赦令，炳上將更在 1982 年宣佈重返社會的泰共黨員無罪，及後阿迪也因此回歸曼谷，並離開泰北森林。泰共活動進入低潮，到了新世紀初更完全停止軍事鬥爭。

學生運動的轉向

　　經歷了 1973-1976 年的左翼民主運動時期、1976—2000 年的泰共鬥爭時期，左翼運動在泰國遭受了兩次挫敗，在 90 年代末至新世紀初塔信執政時期，就轉化為「紅衫軍運動」。但後來經歷多次政變，紅衫軍勢力也在泰國淡化，三波左翼運動遭受了嚴重挫敗。如今泰國學生領袖承傳的只是當年的反威權、反軍方理念，但在組織上已與左翼完全沒有聯繫。2020 年學運提出的十大訴求是針對軍方、皇室以及選舉制度，沒有觸及社會正義的層面。通猜也說：「1976 年與這次運動（泰國學運），除了泰國民主體制的結構性問題沒有改變之外，許多

泰國政治的元素都已經改變了。」

　　當年的學生領袖通猜是青年的精神導師，他的《凌駕民主與政治的國王》是最富影響力的民主啟蒙著作之一，在泰國至少賣出了 10000 冊，對青年知識分子影響深遠。但在近年學運達到高潮時，當局認定書裏的段落「泰國皇室被譽為穩定泰國民主發展的基礎，但似乎是現代泰國史上出現最嚴重動盪的原因」具有仇恨皇室色彩，令讀者仇恨皇室，以虛假言論攻擊皇室並降低其信譽。

君權網絡的誕生

　　1976 年法政大學屠殺是泰國歷史的分水嶺。經過 1973 年人民起義與 1976 年屠殺，軍方與左翼社會運動都受到重創。相映之下，皇室居中調停的能量也應運而生，與軍方合作，建構起了「君權網絡」（Monarchy Network）。台灣暨南大學陳佩修教授說：「普密蓬統治的七十年算兩個世代：1976 到 2016 算後四十年；之前算前三十年。後四十年對泰國君主立憲的理解就等同於普密蓬一個人。」

　　普密蓬在 1959 年之後瘋狂出國，1959-1963 年期間每年出國十幾趟，包括 1963 年到台灣和蔣介石見過面。為甚麼如此呢？這代表泰國人尊敬普密蓬，認為他有無上權威，不是與生俱來的，是他爭來的。爭奪的過程就是皇室權力與軍方的此消彼長，到後來軍事強人都得要國王祝福。國王就逐步拿回權力，君權一直漲，軍權就一直消。

　　1932 年行憲到現在八十八年間，泰國總共就有約二十部

憲法、二十次大選、二十次政變，數目大致差不多，因此所有的合法性都取決於普密蓬。普密蓬因為獨特的歷史經驗獲得了特殊的歷史地位。但這一切只經歷一世，並非自然而來，也不穩固。泰國憲法是極不穩定的東西，幾年就修改一次，這決定了泰國政治極度依賴國王的個人魅力。

未完結的紀念

儘管法政大學屠殺後，右翼軍方勢力抬頭，但在法政大學屠殺四十週年之際，泰國發行量最大英文報章《曼谷郵報》（Bangkok Post）難得以「Justice must come for all victims of political violence」（必須為所有政治迫害受難者伸張正義）為題發表文章，而立場較左傾的《民族報》（The Nation）也發表了題為「Thammasat Uni massacre remembered on campuses」（紀念法政大學校園屠殺）的文章。2022 年的紀念活動也能在沒有軍警阻攔的情形下得以完成。泰國瑪希敦大學人權與和平研究學院講師 Bencharat Sae Chua 接受訪談時也說：「1976 年 10 月 6 日發生的事件，始終被泰國官方的政治論述所遺忘，既沒有國家的紀念，也沒有公開道歉，更不必說任何形式的補救，權力機關嘗試迴避，在官方的記憶裏被抹殺。但有趣的是，在保皇保守勢力、民主進步力量的兩極分化中，卻再度引起公眾討論。」歷史仍未終結。

第五章

港新雙城記

導讀

　　香港與新加坡是經常被拿來比較的兩座國際都會。兩座城市各擅勝場：香港金融股票市場更加發達；新加坡創新科技、產業發展較為突出。但香港近年經歷了眾多政治風暴，在國際媒體的聲浪裏似乎有被比下去跡象，香港民間也有呼聲認為新加坡生活獲得感比香港高。誠然，新加坡的居住環境比香港好，政府效率也更高，值得香港借鏡。但香港也擁有其獨立的文化味道，藝文活動、郊野公園質素更高。

　　也許兩座城市的比較永不終結，但總能在彼此身上學習，從而使自己進步。新加坡規劃之父劉太格曾說新加坡公共房屋規劃是學習香港的。同樣地，香港也在學習新加坡，建立「土地儲備」制度，以解決房屋問題。在「港新雙城記」的三篇文章裏，筆者探討了兩地教學語言政策思維的異同、房屋問題為何新加坡處理得較香港好，也談到新加坡的產業政策為何香港難以複刻。

5.1 以新加坡為鏡
—— 反思香港「兩文三語」

◎ 黃宇翔

　　作為面積細小的兩個國際級亞洲都會，香港和新加坡經常被相提並論，兩者亦步亦趨，你方唱罷我登場。在教學語言政策上，香港與新加坡雖近亦遠。香港奉行「兩文三語」政策（「兩文」指中文和英文兩種書面語，「三語」指粵語、英語和普通話三種口頭語）。實行二十五年以來，該政策歷經多次微調，上至政府報告、學者研究，下至教師、家長和學生，都認為「兩文三語」政策未如理想，但奇怪的是，這個賢愚共知的問題，就像「房間裏的大象」，一直沒有人提出更好的方案。與此同時，新加坡以「功能主導」作為目標，以英文為主要教學語言，華文、馬來語、泰米爾語這三個主要族群的母語則作為第二教學語言，其政策目標較為明確，自然也就易於達成。

　　這裏要做個界定，語言政策包括的範圍很廣泛，包括公共廣播政策、政府公務語言政策、合法語言地位以及教學語言政策等等。社會的語言狀況，政府有些可以介入，有些則難以置喙，因此這裏主要談的是教學語言政策，即政府在學校體系裏施行的語言政策，並旁及政府的公務語言政策。余以為上述的

「語言政策」，理應具有相當一致性，以使教育體系培養的人才是社會所需。

評價、衡量教學語言政策成敗的標準有很多，有很多判斷的方式。這篇文章通過李光耀自述當中呈現出的新加坡語言政策，與香港狀況進行觀照，思考「兩文三語」政策如何走下去。有關李光耀語言政策的思路，論述最多的莫過於《李光耀回憶錄：我一生的挑戰——新加坡雙語之路》這本書。新加坡在 1959-1979 年間也曾經歷過類似香港「兩文三語」的「雙語政策」時代，從 1987 年起才完全變成「英文為主，母語為輔」的語言政策。新加坡這種變化完全是從城市競爭力的角度出發，對香港或許有一定的啟示作用。

語言政策與競爭力

恒隆地產董事長陳啟宗在 2021 年集團的中期報告中表示，香港經濟必須與內地進一步融合，香港的未來必然在於大灣區，需要抓緊機遇，但要克服一些挑戰，包括共同語言及國民身份認同。他認為，粵語只應主要在家及街上的日常交談使用，而所有官方或半官方討論，包括商務交流，都應以普通話進行。他甚至說希望香港下一代年青人「做夢的時候，當然要做『中國夢』，都是以普通話來做夢，那香港就很有前途。」陳啟宗在 2022 年更進一步，在一個論壇上說：「我希望從今以後，我不需要在香港，再用廣東話來演講。」這番話在香港固然引起爭議，過去十多年香港「恐共」的政治心態也投射到語言領域，出現「恐普」現象，恐怕「普教中」和普通話教育的

推行，最終消滅廣東話，讓廣東話在香港公領域裏消失。

　　陳啟宗的說法對於多數香港人來說，當然不好受，香港的廣東話「霸權地位」從 1970 年代成形至今已有五十多年。在 20 多年前的上世紀 90 年代末至千禧年，香港的廣東話文化還雄霸亞洲，甚至在世界流行文化裏也有一席之位，為何隔了短短二十多年，其興也忽然，亡也忽然，變成陳啟宗口中要放棄的語言呢？

　　語言作為軟實力的一種體現，與其使用者的經濟實力有密切關係。在弱肉強食的全球化世界裏，許多古老的語言被邊緣化，甚至面臨消失。以作者另一個母語客家話為例，到了我這一輩的客家年輕人，能說客家話的比上一輩又少了更多。在香港的客家人已融入廣東話社會，客家話被視為「落伍」「陳舊」的。廣東話的受眾多一些，但在大灣區的廣東話使用者，大多也能說普通話，廣東話的經濟價值慢慢下降，是難以扭轉的趨勢。

　　學習語言具有成本，學習的語言越多，就意味投放在其他學科的時間變少。中、小學教育的時間固定，學習語言的時間膨脹，相應地理科、文科的學習時間就會減少。語言教學，也離不開成本效益問題，從城市競爭力來說，廣東話確是「兩文三語」當中經濟價值最低的語文。若香港要「勵精圖治」，提高城市競爭力，又要加強「STEM」（科學、技術、工程和數學）教育、國安教育、國史教育。推行「兩文三語」總要有個犧牲品，而廣東話似乎註定是那個犧牲品。

眾所周知的失敗

根據香港大學在 2015 年發表的一份研究報告顯示，十二歲以上的香港居民中，只有 62% 認為自己能夠說英語，68% 能說普通話，而認為自己同時能夠說好廣東話、普通話和英語的就只有 50%。在新加坡同類研究當中，2010 年認為自己能通曉英語和華語的百分比，則是 68%，遠較香港的 50% 為高。當然，這兩項研究只是調查受訪者的主觀意願，並非更客觀地以考試成績來衡量，但基於對自己能力高估多於低估的假設，實際上「通曉」的人數應比「聲稱」的更少。另外，香港的研究問的是能否使用廣東話、普通話和英語三語，而新加坡研究的只有兩門語言。假設兩地人民智力狀況沒太大差異，掌握三門語言自然是比兩門困難，這項數據的落差，並不能說明兩地人民天賦上有哪些差異，只能說明落實當局政策的成功與失敗：新加坡的政策目標較可行，因此能達成；香港政策目標定得過高，最終較為失敗。

另外，根據香港教統局編訂的《2022 年香港中學文憑考試成績統計》，考入大學的學生裏，中、英文能力均達 3 級或以上的有 42.4%，但文憑試 3 級換算成雅思成績，則是不足 6 分，因此以 4 級來評判「通曉中、英雙語」更為公允。根據同年的報告，中、英文能力均達 4 級的學生只有 17.6%，而這個數據仍不能作準，因為香港「兩文三語」政策的目標是在中英文的「聽、說、讀、寫」四個範疇都能達至母語程度。中、英文兩科的四個分項考試裏都能取得 4 級以上成績的學生則又更少，實際上在「聽、說、讀、寫」四個範疇都能達至母語程度

的，恐怕則只有 10% 左右了。

　　評判教學語言政策的成敗，首先必須問其目的；其次則要問該政策目的是否該地區需要的；第三則是該政策本身是否可行。首任行政長官董建華在第一份《施政報告》確定推行「兩文三語」：「我們的理想，是所有中學畢業生都能夠書寫流暢的中文和英文，並有信心用廣東話、英語和普通話與人溝通。」根據香港立法會秘書處在 2016 年的編寫資訊述要〈新加坡的語文政策〉，就指出香港政府推動「兩文三語」政策底目的是「培養學生的中英文能力，以保持香港作為國際都會的競爭力，以及促進與內地的有效溝通和商務往來」，希望提升香港人在全球化下的競爭力。

　　由此可見，香港的教學語言政策制定是從「經貿發展」、促進城市競爭力的角度出發的，但政府從來沒有說明語文學習應達至怎樣的程度。香港理工大學學者李楚成、梁慧雯就在〈香港「兩文三語」政策的制定與實踐〉裏叩問「兩文三語」政策的目標到底「是功能主導？還是程度均衡？」當政策目標不清晰，實踐起來自然變形走樣（又或者說本來就沒有預設的形狀）。相較之下，新加坡的目標清晰，即是「功能主導」，將英文定為國家通用語，後針對華人的語言狀況，為了華人之間交流便利，強制將方言在所有公共領域裏去除，這些都是功能主義主導的語言觀。

香港政策目標不明

　　前文提到的香港理工大學學者李楚成、梁慧雯在其另一著

作《兩文三語：香港語文教育政策研究》中提到：「政府從未明言語文學習的水平應達至甚麼程度。」既然沒有對要達到的水平加以衡量，就難以量度政策實行的成效，政策的原意自然不免變形走樣，用句現在時髦的話形容，就是政策成效缺乏「KPI」（關鍵績效指標，Key Performance Indicator）。甚至由於目標不明，多個負責「兩文三語」政策制訂、研究的學者都批評，指在「兩文三語」政策實施後，學生語言能力出現倒退。李、梁兩位學者就曾寫道：「可是『兩文三語』成效卻不如人意，學生的語文能力不但沒有顯著提升，反而有下降的趨勢。」甚至出現「即使政府已花了數以十億計的公帑以推廣兩文三語政策，但諷刺的是，香港學生的語文水準卻進一步下滑，尤其是英語水平」的荒謬現象。由此可見，政策指標必須衡量清楚，否則資源再多、用力再強，猶如拳頭打落棉花上，連消帶打，消耗無形。

　　若香港的教學語言目標是達至「程度均衡」，那麼達到怎樣的水平才算是達標？這個「達標」又服務於怎樣的政治、經濟目標？這些都是政策制訂過程裏需要深思的。在這方面，新加坡的思維模式可以提供一個參考。李光耀在回憶錄裏就提到，在實施類似香港「兩文三語」政策的 1959 至 1979 年間，「估計只有 3%-5% 的學生能夠有效地掌握兩種語言的聽、說、讀、寫，50%-60% 的絕大多數學生只能掌握一種語文，第二語文只達到勉強的水平」。

　　問題是，香港的語言政策難道是為了「3%-5% 的學生能夠有效地掌握兩種語言的聽、說、讀、寫」而存在的？其他

95% 的學生都是制度的淘汰品？任何政策都應照顧大多數人的利益，而非少數利益。更何況，那 3%-5% 的學生或許天賦過人，又或許是因家庭關係，擁有更優質的教育資源，本來就並非制度應關注的對象。政策關懷的對象應是中間多數，也就是只能掌握一門語言的學生。

功能主導的新加坡思維

　　新加坡與香港兩地制訂語言政策邏輯是全然不同的。先談新加坡，全然是出於功利主義的經濟主導思維制訂語言政策。新加坡在獨立之前，也曾像香港一樣，推動多種語言並存的教育體系，1959 年的《立法議院各黨派九人委員會華文教育報告書》就有五個要點，即：「1. 平等對待四種語文（英文、英文、馬來文、泰米爾文）源流，四種語文都是官方語文；2. 推廣雙語教育；3. 四語文源流學校合法，以英文作為主導的通用語；4. 教育必須為政治、經濟和社會服務；5. 着重數學、科學和技術課程學習。」實際上，當時新加坡希望加入新成立的馬來西亞，將馬來文也加入教育體系當中。四種語言的源流學校裏，除了英文和母語必修外，英校、華校和泰米爾文學校都視乎師資能力，自行選擇加入馬來文課程。直到 1965 年，新加坡被迫從馬來西亞獨立，這種語言政策才因而改變，將馬來文教育只保留在馬來人源流學校裏，仍繼續堅持「雙語教學政策」，直至 1979 年提出英文為主、母語為輔的《吳慶瑞報告書》。1987 年徹底落實相關政策。

　　李光耀曾經也懷着「程度均衡」的想像推動「四種語文平

等的教育政策」:「我們的理想是華人能講華語和英語;馬來人能講與馬來語和英語;印度人能講泰米爾語和英語。可惜這只是美好願望,和實際發展相差很遠。」「四種語文平等」的教育政策從 1959 年推動到 1974 年,期間小學畢業試合格率只有 59.3%。而在中四會考裏兩種語文考試都合格的,只佔同齡學生的 19%;英文水平足以應付日常使用需要的只有 11%。情況之嚴重讓李光耀親自兼任教育部長四個月。及後歷四年的調查、研究和檢討,《吳慶瑞報告書》的結論是二十年來的語文教育政策「不合自然規律」:「現有教育制度非常不合乎自然規律,極大多數的學校是用英語和華語教導學生,而 85% 的學生在家裏說的卻是方言。」李光耀對此進一步解釋:「學生在學校既要學英語、華語,生活用語又要學方言,實際上是在學三種語文的。」

由此不難看見,1974 年新加坡的困境,正是今日香港面對的問題:既要學英語和普通話,生活用語又是廣東話。而對這種狀況,新加坡語言專家的研究結果是「普通資質的學生,是沒有能力應付三種語文的」。梁慧雯表示,雖然政府沒有「白紙黑字」要求達致「程度均衡」,但從政策文件所見,政府的目標取向正是如此,從「兩文三語」的制訂就可見一斑。

從「母語教學」到「兩文三語」

「母語教學」是回歸後另一項備受爭議的教學語言政策,其內容是改用中文為主要授課語言,但最終虎頭蛇尾。2001 年,董建華的施政報告正式提出「兩文三語」概念。值得注意

的是「母語教學」和「兩文三語」並非相互抵觸的，這裏只是指出着重點不同而已。到了 2000 年曾蔭權時代，孫明揚推行的「微調中學教學語言」更是走回頭路，強化了英文作為優勢語言的地位。回歸的第一年，香港青年協會曾進行過相關調查，縱使 55% 學生和家長認同在課堂上「以中文作為授課語言」能有效地提高教與學的效果；但卻有多達 73% 的受訪者擔心，以中文授課會減少接觸英語的機會。說明了家長和學生一方面知道用中文授課易於理解，一方面又怕因英文能力下降，降低學生競爭力。「母語教學」另一個問題就是沒有界定作為「母語」的中文是「廣東話」還是「普通話」。

香港政府於 1997 年 9 月發表《中學教學語言指引》（下稱《指引》），強制公營中學在 1998 年新學年自中一開始分階段推行母語教學，預科學生則不受規限；政府亦容許私立學校、直接資助學校及主要招收少數族裔的學校採用其它語言教學。經過兩年爭論，最終有一百一十四所中學可以採用英文授課，佔香港中學總數的兩成。當中絕大部分英文中學是所謂的「一級中學」（Band 1 中學），屬於最頂級的學校；而中文中學除極少數如培正中學、金文泰中學等外，都屬於香港的「二級中學」（Band 2 中學）、「三級中學」（Band 2 中學），母語教學可以說是從來沒有真正實現過。當年特首董建華推崇備至的「母語教學」典範培正中學實際上也是採用「英書中教」模式，說是「英文中學」也不為過。

2008 年，香港政府乘着「三三四學制」改革機遇，進行「微調中學教學語言」，名義上取消了「英文中學」「中文中學」

分野，改為區分「英文授課」「中文授課」。但實際上即便在中文中學，高中課程裏英文課程的比例也更高。在「全開英文班」的中學以外，原本的「中文中學」也可以開設部分英文班，「中文中學」也可以轉變為「全開英文班」的英文中學。從 2010/11 學年開始，全港約有 16 間中文中學轉變為「全開英文班」的「英文中學」，同時有 10 間英文中學自動「下車」，部分中一班改以中文授課，讓「英文中學」和「中文中學」變成流動的概念，實際上更鼓勵「中文中學」轉變為「英文中學」，通過每六年進行一次的「微調」評估，進行「升級」。

這種「升級」機制在有形中建構了「英文授課」學校優勝、「中文授課」學生較劣的印象，而令學生、家長湧去選擇英文授課學校；英文授課學校生源較佳，更是使英文成為自我實現的語言。「升級」機制讓所有中文授課學校最終願望都是變成英文授課的學校。即便是以中文為主要教學語言的中學，也會特意開辦「精英班」，讓學生在學業中更多使用英文，以期之後變成以英文作為主要教學語言的中學。但這樣一來，教學語言混亂的狀況就更突出：以高中一般修六個科目為例，就會出現兩三個科目以中文教學，其他科目以英文教學的現象；而以英文教學的科目，在 Band 2、Band 3 的學校裏限於師資，又經常不得已採取「英書中教」，學生需要花更多時間在知識翻譯上。

大、中、小學體系不銜接

在「母語教學」「兩文三語」推行如火如荼之際，香港的

大學卻在全面推進「國際化」。而真正「母語教學」的旗艦——香港中文大學則着手改變教學語言，將香港中文大學的「中文」去掉，除了中文系和歷史系以外，大多數學系主要教學語言都變成英文。至於其他大學，主要教學語言早已是英文。因此，香港的大學在追求排名的「國際化」主導下，都以英文教學為主。

在中學階段，我曾經接受「母語教學」，及後實施「中中」「英中」分流，再後來於 2009 年進行「微調中學教學語言」，以英文作主要教學語言的中學佔 24.8%，大體上比起 1998 年實施《中學教學語言指引》時增加了 20%。另外，在並非以英文作為主要教學語言的中學裏，高中也可以開設以英文作為主要教學語言的班別。以我當年就讀的 Band 2 尾中學為例，高中全級約一百二十人左右，就有四十人在以英文為主要教學語言的班別上課；高中階段以英文為主要教學語言學習的學生比例遠比 24.8% 更高。而全港的小學中，則只有六十五間採用英文為主要教學語言，佔總數約 12.1%。由此可見，香港教學語言出現了怪現象：由小學起，使用英文的程度逐步增加，但小學基礎階段的主要教學語言卻是中文，大、中、小學的教育邏輯缺乏連貫性。

背後的原因並不複雜，英文在香港商業價值較高，因此到了中學階段，為了學生就業、升學的前途考慮，英文教學的比例無可避免地提高。尤其是香港的大學幾近全面使用英語授課，英文程度欠佳的話，在大學以及未來工作中的競爭力就會受到影響，而小學階段則較少受到現實考慮影響。問題是，

「兩文三語」的理想狀態就是香港小學階段的教學模式嗎？

新加坡思維可以照搬嗎？

若採用新加坡的語言政策思維，香港就註定要在「兩文三語」中需要選擇一門主導語言，但香港的狀況可以這麼簡單粗暴來處理嗎？以新加坡為例，在自治、獨立初期，語言都是敏感的政治話題。新加坡獨立後並沒有立刻就實施以英文作為第一語文的全國教育政策，因為新加坡 75% 是華人。當時新加坡華人具有較濃烈的民族主義情緒，50 年代華校中學生也發起過多次「保衛母語」暴動。而在香港，更加複雜的是，香港人的身份認同與廣東話的存續捆綁在一起。新加坡可以簡單地先在公共領域去除方言，引起的反彈不算大，但在香港卻不容易。新加坡當時在公共廣播上禁止用方言廣播，但香港的 TVB 卻是香港軟實力最重要的代表，更不用說香港電影、粵語流行音樂的輝煌歷史。

在這種壓力下，「普教中」的嘗試非常尷尬，以致今天幾近失敗收場。時至今日，仍堅持「普教中」的學校比 2008 年剛開始推動這一計劃時還要少。「普教中」的目標是提高學生的「中文書寫能力」，做到「我手寫我口」，但香港的文化環境裏沒有普通話的土壤，香港的城市生活仍然以廣東話主導，「普教中」只是在每天約八小時的課時加上另外的六至八小時生活時間裏，插入一小時的普通話學習時間，這就難以做到「我手寫我口」的流暢。「普教中」的情形很像 1987 年以前新加坡「雙語並重」的教學模式。李光耀對這種模式猛烈批評：

「如果一個孩子從小講方言，在白天醒來的十四至十六個小時中，只有在學校兩個小時的兩節，大約每天一小時的時間學習華文，而其他時間不是講方言就是學英文，難怪學習華文變成了負擔，學習華語變成在浪費時間。」因此，若要達到「普教中」的目標，「普教中（文）」是不夠的，要達到「普教中（學）」才行，因為「普教中（文）」本身沒有創造足夠長的語言濡化（enculturation）環境，只有用普通話教授其他學科，才能夠成功。

或許有人會說，香港人「普通話」能力不是個議題，隨着中國軟實力的興起，使用抖音、看內地劇集、用內地軟件網購越來越盛行，香港年輕人的普通話會越來越好。誠然這是真實的，但要讓大多數年輕人都能掌握到普通話，這個過程要多久？沒有人說得準。另外，語言問題在香港一直具有高度政治性，仍有相當部分年輕人不諳普通話，尤其是學習能力較差、在香港只能從事低端服務行業的年輕人。用李光耀的思維來看，若他們只能掌握一門語言，那就應當選擇普通話，而非「港式中文」。李光耀回憶從 1965 年獨立至 1979 年《吳慶瑞報告書》前的語言狀況，不無感慨地說新加坡人實際上只能說英語和方言，而大多數新加坡人說的方言甚至並非正宗的閩南話，而是「老巴剎福建話」。當然，如上所述，廣東話文化是香港實力重要的一部分，如何保護並將其作為香港名片推廣，同樣重要。但這是另一門課題，在此不多談。

放下「方言問題」不談，選擇普通話還是英語作為主要教學語言，仍是一個難題。目前看來，以經濟價值衡量自然要把

英語排在第一位，但如果香港人全用英語思維，看着 Netflix 長大，遇問題就去問 Quora，這樣的人當中「愛國愛港」的比例，無疑就比原來的更少。而若全用普通話作主要語言教學，則香港「國際城市」的地位難以維持，除了本地的少數雙語精英外，香港還需要大量從境外（主要是內地）輸入精通雙語的人才。

語言政策調整的代價

新加坡以英文為第一語文、以母語為第二語文的教學政策並非從建國第一天就確立的。和香港一樣，新加坡的語言政策也是一個極其敏感的政治話題，從 1965 年獨立到提出英文為主、母語為輔的《吳慶瑞報告書》（1979 年）花了十四年的時間；而真正落實語文源流統一又花了八年，直到 1987 年才真正落實，前後花了二十二年時間。1987 年入學的小一學生，要經過十二年的中小學教育和四年的大學訓練才投身社會成為中堅。而等他們人到中年，成為社會的中層管理者，又需要約二十年時間。即到本書出版的如今，才能看到新加坡的教學語言政策調整對政治經濟的實在影響。

香港獨有的經濟價值，在於與國際接軌，而與國際接軌又取決於香港市民的英語能力。若香港人沒有普遍良好的英語水平，其與國際接軌的能力則只局限於上流階層，即社會上最優秀的 5%-10% 的精英，其他人則沒有辦法與國際接軌。同樣地，也只有社會 5%-10% 的社會精英能流暢掌握普通話與英文，甚至只有更少數的精英能真正如母語般掌握「兩文三

語」，也只有這部分精英才能對接「大灣區」與「一帶一路」，成為「超級聯繫人」，發揮「背靠祖國、面向世界」的優勢。這對於香港來說是否足夠呢？

若香港政府在此刻下定決心，調整香港的教學語言政策，也非一時半刻可以為功，也要像新加坡經歷長達十數年的調整時期，以積累足夠的師資和教學資源。筆者以新加坡為鏡，對照香港的教學語言政策，並非有任何腹案在胸。如此複雜的問題，並非用「亞歷山大式的智慧」一刀砍下就可以解決的，而是希望包括政府在內的有心人反思。人的智力、學習時間是有限的，當政策期望培養出一種人才時，必然意味着另一種人才的缺失。香港和新加坡都是小城市，必定要從外部輸入人才，關鍵是本地培養的人才與外來輸入的人才、人力有互補式的關係，而非相互取代，這座城市才得以長治久安，這樣的管治思維才合乎邏輯。

5.2 新加坡房屋政策 對港啟示錄

◎ 黃宇翔

2019 年，香港反修例風暴持續了大半年，引爆了香港深層次的矛盾。政治問題通過「後國安法秩序」加以處理，解決了政治認同、身份政治的危機，香港表面上再無港獨問題。但香港的「深層次矛盾」不光是政治認同問題，更是階級矛盾、經濟分配的問題，當中最關鍵的則是香港房屋問題。香港實現居住正義，才有可能解決香港動亂的根源。

香港的街頭騷亂根源是政治、經濟結構矛盾。每天在街頭「讓磚頭飛」襲擊警察的新一代，在現實生活裏是「樓奴籲天錄」的受害者，蝸居斗室的無望，結合在政治上沒有出路的扭曲體制，造就一代的叛逆勢力。香港的房屋問題之難冠絕全球，同為小城的新加坡卻能走出一條新路，落實居住正義，也有良好的經濟、新產業發展。南洋的新加坡能為香港提供新的靈感，通往街頭暴力的彼岸。香港必須效法新加坡，重拾香港的居住正義、分配正義，進行結構性的政治、經濟大改革，改變弱肉強食的叢林法則，才可以走出政治的陰霾，達至長治久安。

　　香港特區政府與北京中央需要痛定思痛，對香港的房屋問題作根本的解決。根據美國著名地產服務公司世邦魏理仕（CBRE Group, Inc.）的統計，香港住宅平均樓價長年位居全球第一，2019 年就達到 963 萬港元（約 123 萬美元），但同時一個單位的平均面積只有 591 平方呎，「奇型怪宅」式的「棺材房」「太空艙」在香港也是層出不窮。量度貧富懸殊的指標堅尼系數（Gini Coefficient），香港在 2016 年達到 0.539，已達「動亂邊緣」的級別，是亞洲貧富懸殊最劇烈的地區。與之比肩的，是非洲中低度發展國家。

　　香港政治經濟問題的癥結就在於香港幾近瘋狂的樓價，牢牢套住了香港青年的前途，也因為「超級地租」的關係，阻礙新的產業經濟發展，使階級固化，香港不再是冒險家、創業者的樂園。新加坡一向是和香港兩相輝映的城市，但在這二十多年當中，新加坡迎頭趕上，香港卻逆水行舟、不進則退。香港為超級地租所困，新加坡卻由於組屋制度、土地儲備體制，將住屋作為公共品（Public Goods）和投資產品的兩項屬性分開，切分成兩個不同的領域，既保障了人民有體面、可負擔的居所，亦允許有投資、炒賣的市場，讓社會正義與市場機制兼顧，而不會如香港那樣有所偏廢。

　　新加坡房屋發展模式的要點大體有三：一是將公營的「組屋」市場和私人市場區隔；二是建立土地儲備制度，使土地供應沒有斷層；三是對炒賣樓宇徵收重印花稅，使炒賣、投機降溫。香港自前特首梁振英時代以來，印花稅也提高了不少，但樓價仍節節攀升，反映香港政府對前兩者的處理力度不足，沒

有執政意志根治香港的房屋問題。

地產霸權綁架

「地產霸權」從 2010 年開始，就是香港重要名詞，這個年份也是香港樓價急劇飆升到不可負擔的時刻。「地產霸權」這一名詞源於 2010 年的同名書籍《地產霸權》（英文版在 2005 年出版，原名是 *Land and the Ruling Class in Hong Kong*）。作者潘慧嫻曾任香港地產巨頭新鴻基集團創辦人郭德勝的私人助理達八年之久，又加入過嘉里建設，作為局內人（Insider），透視了地產商控制香港電訊、能源、交通服務，構成跨行業壟斷，扼殺中小企的生存空間，以至對公共政策有極龐大的影響力，左右了政府政策的運轉。

「地產霸權」之所以成立，正因為地產商與香港政府有着「共犯結構」，香港政府本身也是高地價的獲益者，地價收入、差餉以及印花稅收入長年達到香港政府收入的 40% 左右。最誇張的是 2017 至 2018 年，香港政府收入約 6200 億港元，地價收入是 1648 億，印花稅就達到 952 億，佔了約 42%。從 2019 至 2023 這四年間，兩者大體上也佔了香港政府收入的至少三成以上，把差餉計算進來，更逼近四成。又以 2020 至 2021 年為例，香港政府收入約 5600 億港元，地價收入及印花稅分別為 880 和 890 億港元。香港政府最大的收入來源一直是利得稅，佔 24%，而利得稅最大的來源是地產商。據稅務局提供的最新數字，地產商於 2019 至 2020 年度繳付的稅務佔整體稅收近 20%，稅額在所有行業中排名第二。

　　福布斯富豪榜當中,在香港排上前十位的,大半都是地產商。香港政府引以為傲的低稅率、廉潔、高效政府,背後的代價就是高地價支撐的政府收入結構。表面上香港稅率很低,但所有日常消費、生活背後都有地價作為代價,可被視為一種「間接稅」。

香港政府財政收入分佈圖（2020－2021 年）

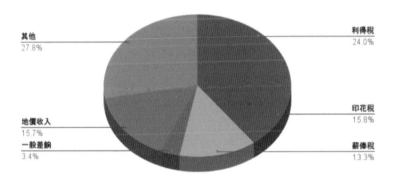

資料來源:財經事務及庫務局、庫務署

　　沃德國際資產管理顧問公司董事局主席盧麒元就指出:「香港所有政策都建基於土地政策,表面看起來廉潔、高效,但和地產商的關係千絲萬縷,雖然不涉及貪污,實際上非常腐敗。」他又說:「香港沒有直接稅,只有間接稅,香港於 2005 年取消了遺產稅,香港從此再無真正意義的直接稅。」這使得社會經濟向地產炒賣、金融投資傾斜,而非創新科技等其他實業。

政府與地產商是共犯

香港政府經常以「積極不干預」「小政府、大市場」的「自由放任主義」（Libertarianism）原則作為金科玉律，傳統基金會（Heritage Foundation）每年都例必評香港為全球經濟最自由的地區。香港也受諾貝爾經濟學得主佛利民（Milton Friedman）稱讚，被視為理想經濟的典範。但自由放任主義的濫觴，加上政治經濟結構上的傾斜，在香港亦造成了「裙帶資本主義」（Crony Capitalism）的盛行。不加節制的地產霸權遇上視地稅收入為命根的港府，如魚得水，構成了隱性腐敗，屈指可數的富豪及其裙帶集團就掌控了香港政治經濟命脈。

裙帶資本主義嚴峻

香港裙帶資本主義的嚴重程度也受到不少國際研究機構和傳媒的指責。美國《紐約時報》刊登於 2014 年的社論，就指香港存在「壟斷式裙帶資本主義」（Monopolistic Crony Capitalism），因此既得利益精英階層抗拒一切改革，當然也包括了民主改革。《經濟學人》（*Economist*）雜誌從 2014 年開始每兩年編纂「裙帶資本主義指數」（又稱權貴資本主義指數，Crony Capitalism Index）報告，後來將香港與中國內地合併計算，難以單獨觀察香港的情況。但首次公佈時，香港就是世界「裙帶資本主義指數」排名世界第一的地區，富豪財富佔 GDP 近 80%，代表香港的「尋租」（Rent Seeking）現象非常嚴重，富豪們幾近壟斷香港的所有資源，政商裙帶關係緊密。這個問題甚至也獲得香港公營機構的承認，香港競爭事務委員會

在 2016 年一份關於房價競標的報告也發現，香港的房價競標明顯受到操控，反映香港土地拍賣可能存在地產商合謀圍標（Bid Rigging）的情況，地產商能左右地價。

另一方面，包括新鴻基地產、恒基兆業地產、長江實業集團及新世界發展在內的香港地產商於新界擁有大量土地。2021 年年報顯示，截至 2021 年年尾，新鴻基地產為最大持份者，持有 2360 萬平方呎可發展 / 發展中樓面面積；而四大發展商共計擁有逾 5000 萬平方呎，接近 5 平方公里的樓面面積，相當於近 0.7 個油尖旺區。數字較梁振英上任前多出 1.3 倍，也說明了香港土地高度集中在少數地產商當中。

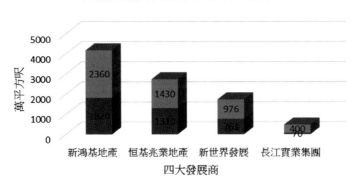

四大發展商擁有可發展 / 發展中樓面面積

資料來源：四大發展商年報

結構性分裂的矛盾

香港的修例風暴從另一個維度看，也是結構性的社會矛盾。團結香港基金土地及房屋研究主管葉文祺就說：「香港的

房屋矛盾，在於一半人是業主，一半人是租戶，新加坡業主約九成，日、韓以及歐美業主都超過一半。而租客與業主的利益永遠不一致，是天生分裂的社會結構。」業主期望物業升值，使自身資產上漲；租戶則期望物業貶值，減輕租金壓力，從而希望有機會「上車」（成功買樓）。這種接近完美二分的社會，天生就有分裂的趨向，而在香港，具體而言就變成世代的矛盾。

香港樓價的急劇上升源於 1984 年簽署《中英聯合聲明》之後，港英政府為了保持香港的繁榮，應付工業北移的產業空洞化問題，就廢除了「街影條例」（限制陽台與街道的角度，確保街道有陽光和空氣流通，已於 1987 年取消）。回歸後，特區政府又取消了租務管制（1998 年及 2004 年先後取消租金管制及租住權保障）。盧麒元認為這個階段的資產價格上漲，英資財團可以獲得大量資金。與此同時，70 年代末香港大批本土資產被售予本地華人資本，例如和記黃埔賣給李嘉誠、九龍倉賣給包玉剛，造成日後四大地產商壟斷香港經濟的局面出現。

因此，嬰兒潮一代在 80 年代末至今的資產升值浪潮中，不少都成為業主，與政府、地產商形成「共犯結構」，而八十後、九十後的青年一代則被排擠在這個「有樓俱樂部」之外。隨時日推移，樓價與負擔能力脫鉤，成為香港 2010 年再起的社會運動浪潮濫觴。一開始香港社會運動的焦點也放在財富分配問題，以朱凱迪、葉寶琳為首的一代人反對香港的「特權階級」，爭取香港的「土地正義」，爾後到了「反國教運動」，才

把尖銳的「階級矛盾」問題，概念偷換為所謂的「族群矛盾」、中國內地與香港人的矛盾。

　　國際公共政策顧問機構 Demographia 發表的《全球樓價負擔能力報告》就指出，在 2018 年，香港樓價達到家庭收入中位數的 20.9 倍，理所當然又蟬聯世界第一，並且大幅拋離第二位溫哥華的 12.6 倍，也反映越晚出生的青年一代越難以置業，形成世代分配的不公，使青年「絕望」、走上街頭。根據香港中文大學新聞及傳播學系教授李立峯在 2021 年 5 月發佈有關反修例運動的研究報告，2019 年 6 月至 12 月，研究者共對 26 場現場示威進行調查，訪問逾 17000 名受訪者，發現青年人在運動中最為活躍。在 26 場運動中，34 歲或以下受訪者佔的比例介乎四成至九成。另外，「中層或中產階級」人士和「下層或基層階級」人士是運動的主要骨幹，分別佔四成至六成和近三成至近五成，印證了反修例風暴的源頭，就是階級、樓價問題造成的「絕望」感。

　　新加坡和香港同樣是「缺地之城」，新加坡的土地面積甚至只有香港的六成多，僅七百多平方公里，但新加坡的樓價、居住環境質素卻比香港優秀得多：新加坡住房平均呎價僅香港的五分之一左右，約二千五百港元，香港則是一萬三千五百港元；新加坡人均居住面積也是香港的兩倍多，達三百二十三平方呎。

明日大嶼應改為公營房屋

　　新加坡國立大學李光耀公共政策學院副教授吳木鑾曾經在

香港工作、生活過，對比新加坡、香港兩地，吳木鑾認為香港政府必須改變房屋政策的思維：「歸根究柢，香港政府還是必須增加公共房屋的比例，不能把房屋政策當成一盤生意來看待，房屋是公共品，不是單純商品。新加坡的李光耀就明白不能讓房屋變成投資工具。」吳木鑾亦直指時任特首的公共政策保守：「在 70 年代，香港政府大規模建屋也是虧錢的，香港有上萬億港元的財政儲備，沒有道理保守，假如把『明日大嶼』的填海計劃全部變成公營房屋，那就有希望解決香港房屋問題。」

團結香港基金土地及房屋研究主管葉文祺長期比較研究新加坡、香港兩地的房屋政策，他曾剖析新加坡的房屋政策的奧秘：「一是建立土地儲備的制度，新加坡大規模填海，20% 土地都是填海得來，新加坡有『土地儲備專列』的項目，不需要

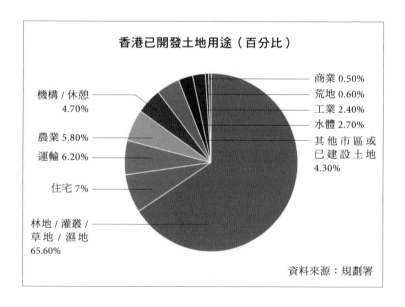

香港已開發土地用途（百分比）

商業 0.50%
荒地 0.60%
工業 2.40%
水體 2.70%
其他市區或已建設土地 4.30%

機構 / 休憩 4.70%
農業 5.80%
運輸 6.20%
住宅 7%
林地 / 灌叢 / 草地 / 濕地 65.60%

資料來源：規劃署

在填海之前考慮做甚麼，在有需要的時候就放出來。」這樣就使新加坡的土地規劃政策比較有彈性，可以有土地應付迫切需要。葉文祺又說：「例如新加坡的濱海灣（Marina Bay）發展計劃，三十年前就開始填海，填完十年中沒有發展，近十多年才用來擴充，建成金沙賭場以及附近的金融區。」

其次，葉文祺說香港也應該學新加坡的組屋政策：「增加土地供應需要時間，香港另一個出路就是活化現有的房屋資源，新加坡的組屋全部是賣的，香港的公營房屋則多數是租的。」他也為香港短期內的土地房屋政策提出建議：「第一點，應當將香港的公屋轉為出售，賣給租戶。第二點，則應該將出售房屋的市場活化，香港居屋未補地價是不能出租。新加坡的組屋只要是租、賣給新加坡人，都不用補地價。」而根據葉文祺所在的團隊統計，如果能做到上述兩點，在現有公屋體制下可以多住十四萬人口，有助舒緩土地不足的問題。

香港「缺地」迷思

香港已開發的土地比新加坡少很多，香港大概有四分之三的土地都未開發，可以說，香港的土地短缺是「被創造」出來的「神話」。據前年規劃處統計數字，在香港已開發的四分之一土地中，只有7%的土地是住宅用途。以土地短缺的假象推高樓價，這源於香港的土地拍賣制度，香港政府每年通過土地拍賣、招標，在「勾地表」中勾出土地，供應多少就由政府決定，輔以合謀圍標，土地價格很大程度上就可以被操控。

香港有70%以上的土地都位於新界，更有40%的土地劃

在郊野公園之內，作為自然保育之用。新界鄉議局前研究主任薛浩然就直指：「香港最大的地主就是漁農署（全名漁農自然護理署，負責管理香港郊野公園）。而在回歸之後，香港的郊野公園面積還不斷在擴大，明明說缺地，另一方面卻不斷把可以隨時開發的官地劃成郊野公園。前年林鄭月娥政府搞土地大辯論，說沒有土地，另一方面又把新界北紅花嶺劃作郊野公園，有差不多 500 公頃的土地，這到底是怎樣的邏輯？」

僅回歸後的二十多年間，香港就新增了三個郊野公園，包括龍虎山郊野公園、北大嶼郊野公園（擴建部分），還有紅花嶺郊野公園。北大嶼郊野公園（擴建部分）的面積更達到 2200 百公頃（22 平方公里）。回歸之後另外還劃了近十個「非郊野公園」的保育地帶，顯示出香港政府一方面說缺地，另一方面卻把大量土地劃作郊野公園的保育用途的荒謬邏輯。

郊野公園以外，香港現時在和深圳接壤的邊境上還有 400公頃（4 平方公里）的邊境禁區，而在回歸之初，禁區面積更一度達到 2800 公頃，從 2008 年開始才分階段發展，但直至如今，仍處於鋪設基建、規劃發展的階段。另一方面，坐擁新界大量土地的原居民亦多次表達願意出售土地發展的願望。上水鄉事委員會主席侯志強在 2012 年甚至說：「只要價錢合理，祖宗祠堂也可以拆。」但政府坐擁上萬億元財政儲備的同時，卻沒有積極在新界進行收地，反而是鼓勵擁有新界大量農地的地產商與政府採取「公私合營」的發展模式，由政府發展基建，地產商將屯積已久的農地轉成屋地，以謀取暴利。本質上這是一種傾斜的發展模式。

　　既然香港不缺地，那麼根本問題就是沒有良好的土地發展規劃。新界鄉議局研究主任薛浩然就認為：「香港哪裏沒有地，新界到處都是地，只是政府沒有規劃。」而近十年以來，由前特首董建華年代建設的天水圍新市鎮變成「悲情城市」，到梁振英年代「見縫插針」式的建屋方針，都反映香港政府城市規劃能力的不足。但事實上，香港政府的規劃能力只是近年來才倒退。被譽為新加坡「城市規劃之父」的劉太格在 2018 年接受香港媒體採訪時就說：「我是有一點驚訝，為什麼香港的發展不如新加坡？那時候我們是跟香港學習的。」他提到從 1969 年至及後的約十年間，他差不多每年都到訪香港，學習香港的房屋政策。而當時正是港督麥理浩主政期間，大力推動「十年建屋計劃」之際，當時香港的勵德邨更是國際知名的公共房屋設計範本。

　　可見，香港其實不缺規劃成功的範例，缺的是麥理浩年代以及新加坡改革的決心，更需要有觸動香港既得利益階層的鬥志。北京港澳學人研究中心理事、在陸港兩地創業的青年林朝暉就說：「過去香港每次社會矛盾，結果都是商界得益，沒有根本解決過問題。在六七暴動之後，麥理浩政府就根據『獨立調查委員會』的報告，全盤改革香港政治、經濟結構，推動經濟轉型，以及建屋計劃。香港現在也需要這樣的決心。」

香港需要善治

　　「新加坡模式」一語以蔽之，就是對善治（governance）的追求，追求管治的能力、公民參與。中國學者俞可平在《走

向善治》一書裏就界定善治包括八個元素：法治、透明度、對所有持份者的問責、效率、尊重社會共識、公平和包容、及時回應社會訴求，還有公民參與的程度。香港政府無疑具有良好的法治，但在其他領域上離「善治」的要求還差很遠，而新加坡雖然不算真正的民主社會，但卻擁有高透明度、問責制的政府，能夠及時解決社會問題。

香港的政治結構長期有利於以地產商為首的商人集團。通過立法會的功能組別，以及特首選舉委員會的政治版塊分佈，香港的商界有幾近決定性的話語權，影響政策的通過。甚至於特首的權力基礎來源，最主要成份就是商界，因此各種政策天然地傾斜向他們。沃德國際資產管理顧問公司董事局主席盧麒元就認為，香港必須作全盤的改革，包括兩方面：一是稅制改革，改變依賴地稅的慣性；二是進行政治改革，「恢復一個合理想的憲政結構，使香港體制變成一個可以討論問題的政治體系」。然後香港才可以進行產業改革，將產業重心轉向數字經濟以及高科技的農業、工業。而產業的多元化，才能使香港的民主社會具有多元性。

要有改革的氣魄

香港反逃犯條例的風暴根源是香港的政治、經濟結構問題，香港反修例運動之所以曠日持久，源於民怨之深、青年積恨之廣。政治上的價值危機、經濟上「樓奴籲天」的雙重問題，是反修例運動的根本矛盾。香港的「期指教父」、前全國政協委員劉夢熊也感嘆道：「當年我能夠一條游泳褲來到香

江,致富發達,但現在香港的年輕人可以嗎?」一語道破香港當今的問題:一方面青年的財富被「地產霸權」掏空;另一方面「超級地租」幾近扼殺了所有新產業誕生的可能性,中小企業在地租驚人的情況下無法生存,青年無法通過智慧、創新改變自己的命運。

香港要解決深層次社會矛盾,就必須向房屋問題宣戰,學習新加坡的房屋政策,也需要學習政策背後的決策精神,改變官僚主義的思維,切實解決具體問題,才有機會彌補重創的香港社會,達至居住正義、分配正義,讓每個香港人有尊嚴、體面地生活。

5.3 新加坡金融貴精不貴多 國企成功模式香港難以複製

◎ 黃杰

　　新加坡沒有香港的金融市場體量，但「雖小而精」，利用國有企業推行工業政策，在低度發展的東南亞處處找到機會，最後成就了全球知名的主權基金淡馬錫，還已經遠到非洲發展能源，到菲律賓投資，參與東盟在老撾的電網建設。新加坡捉緊中美對抗、印度崛起機遇，加上其人才培訓優勢、多元種族優勢，發展出一套真正包容的 21 世紀相處之道。雖然因為國際法環境的改變，新加坡在 20 世紀透過國有企業實行的很多產業政策在今天無法複製，但是其走過的發展道路，對於背靠中國巨大推力、產業卻高度垂直化甚至是單一化的香港，也充滿值得反思學習的地方。

　　簡而言之，新加坡在上世紀所做的很多事情，包括國企高度不透明結構、任用政治家族成員作為國企董事等，其實都是屬於那個時代的產物，而在今天的國際法環境中，尤其在香港這樣一個法律中心，是技術上無法做到的。香港和新加坡看似相似，卻又極之不同，香港如今要再推行「再工業化」「主權基金」等概念也不可單是重複新加坡模式，只能作為參考。畢

竟 20 世紀和 21 世紀之間國際環境差異極大，未來也充滿截然不同的挑戰。

地緣衝突下的避險中心

在地緣政治傾軋的當下，全球資金紛紛出逃避險，但是由於美國全面圍堵中國的風險漸增，連香港也難以倖免，因此新加坡憑藉其在東南亞經濟內的樞紐地位，成為跨國企業面對「逆全球化」的避險中心。最早的例子是，字節跳動在 2020 年面對美國特朗普政府的強力監管時，選擇在新加坡成立 TikTok 獨立公司。

新加坡吸引國際資本的主要動力，是中美貿易戰和科技戰。在貿易戰和新冠疫情阻擊戰初期，新加坡交易所交易量由在 2019 年 12 月約 150 億美元的低位暴漲至約 2020 年 3 月的 230 億美元。但隨着疫情擴散全球，中國率先復工復產，再次證明自己是世界產業鏈的中流砥柱，新加坡交易所的交易量經過幾番升跌，又回落至 2021 年 12 月的約 145 億美元。

2022 年，由於俄烏戰爭、美國對中國圍堵的第二階段全面展開，新加坡吸引資本能力再度爆發。《彭博》統計指出，當年共有 3170 億美元資金流入新加坡，比前一年同期增加 59%。新加坡金融管理局指資金湧入帶來巨大風險，尤其是房地產泡沫，客戶主要來自中國（含香港），投資額是排位第二的馬來西亞和第三的印度的總和。金融方面，全球富豪榜排名第十的印度商人、信實工業（Reliance Industries）主席穆克什・安巴尼（Mukesh Ambani）亦在新加坡成立自己的財富管

理公司，成為獅城佳話。

新加坡超越香港需十七年

　　因此，《彭博》在四十天內五次發表長文比較新加坡和香港的國際金融中心地位。雖然香港股市體量和交易量是新加坡的數倍，而彭博情報分析（Bloomberg Intelligence Analysis）也指出，在中國大陸的強大發展紅利之下，香港作為全世界最大的跨境貿易中心，地位難以取代，新加坡需要「至少十七年」才能追上香港；但是，新加坡和香港的地位逐漸拉近亦是不爭事實，原因是新加坡的整體戰略比香港更全面，也更穩固。

　　新加坡立足東南亞，香港背靠中國大陸，兩者體量自然不是同一個層次。但是新加坡處於區域的領導地位，政策操作空間大；香港則是處於接收資本的地位，加上「大市場、小政府」的被動思維強烈，導致產業垂直化，往往無法實施有效的產業政策（industrial policy）。

新加坡靠人才成化工帝國

　　反之，新加坡則可以處處主動出擊，兵貴在精不在多，透過合適的產業政策建立區域內的石油化工帝國，也乘着印尼有望在下個十年成為世上經濟增速第二快國家的優勢（估計印度是第一位），加上又有東盟政治上的組織統籌能力，新加坡在各方面都有巨大潛力。而這些優勢，在新加坡的兩個主權基金的歷史中體現得最為明顯：新加坡政府投資公司（GIC）和淡

馬錫控股（Temasek）。

不論是 GIC 或是淡馬錫，都是世界上最大的主權基金之一，顯現了新加坡金融「雖小但精」的特質。而成就這兩個傳奇的動力不是投機炒賣、金融財技，而是從一開始就穩固紮實、命中率高的產業佈局。

早在 60 年代末，新加坡意識到因政治上的孤立，轉口貿易難以為繼，只有開展以工業化為中心的經濟發展戰略，對來自馬來西亞和印尼兩地的原材料進行加工、增加附加值，才可以確立自己在產業鏈上的優勢。在前總理李光耀的計劃之下，裕廊工業區大規模填海造地，發展新加坡的石油化工、特種化工工業中心。至今，裕廊島依然是一個吸引超過 330 億美元投資的工業中心。

透過政府組織的「未來技能培訓」（Skills Future），新加坡在能源與化工方面掌握數以萬計的專才，吸引行業龍頭如三井集團（Mitsui）和索爾維集團（Solvay S.A）來招募創新型人才，為它們在新加坡的研究中心服務。新加坡工業體系的基礎正是強大的知識體系。全球有超過一百家化學品公司在新加坡設立核心業務。至今，就算俄烏戰爭影響了全球石油供應鏈，從俄羅斯到新加坡的石油運輸船還是多得擠滿全國，超過六成半甚至要靠岸到鄰國馬來西亞的丹絨柏勒巴斯港（Port of Tanjung Pelepas）。

新加坡的龐大工業能力也是淡馬錫主權基金享譽全球的原因，可以說這個基金的成立是「新加坡第一次工業革命」的象徵。淡馬錫控股成立 1974 年，雖始終保持神秘，但是從後來

因國際規管法例而披露的資料中可見，那時候該基金的主體都是新加坡政府主導了近十年的國企，其啟動資金更佔了當時新加坡 GDP 和外匯儲備的 5% 以上，約 2.5 億美元。

淡馬錫背後是國企

淡馬錫掌控的公司包括新加坡電信、新加坡航空、星展銀行、新加坡地鐵、新加坡國際港務集團、新加坡電力和萊佛士酒店等幾乎所有新加坡最重要、營業額最大的企業，其股票一度佔新加坡股票市場的一半，可說是主宰了新加坡的經濟命脈。至今新加坡的製造業 GDP 還是能夠以雙位數的百分比增長，涉及生物醫藥、高科技電子等領域的「新加坡 2030」製造計劃，吸引 60 億美元的投資，其原因是有政府國企組成的「國家隊」發展人才培訓計劃和產業政策。淡馬錫除了投資新加坡本地市場外，也把亞洲市場和已開發國家市場視為投資終點，其中主要的投資包括馬來西亞電訊公司、印度的 ICICI 銀行、澳洲第二大電信公司 Optus。在過去五年間，淡馬錫約有 25% 投資在中國，25% 在新加坡本土，14% 在東南亞，20% 在美國，10% 在歐洲，其中包括遠在非洲坦桑尼亞開採石油的蘭亭能源公司、推動新加坡—馬來西亞—泰國—老撾電網一體化的吉寶企業等。

香港過分崇尚市場主義

香港政府 2022 年也提出要推進創新科技和文化藝術兩個新興產業發展，成立參考淡馬錫的「香港投資管理有限公

司」，但是新加坡和香港在經濟發展的意識形態上有根本分別。香港崇尚的「大市場、小政府」和淡馬錫背後由政府掌握工業生產體系、人才知識體系、跨國規劃體系，完全是兩套經濟理念。香港欠缺像新加坡那樣在東盟政治組織上的領導經驗和能力，沒有動力和經驗去為周邊國家設計產業政策，也難以在對方需要的地方提供工程師等人才。香港的金融體系佔比過大，雖然這讓香港成為了區域內暫時無可取代的國際金融中心，但亦因此，整個社會產業垂直化、單一化，除非有重大的經濟體制上的改革和改變，否則做不到新加坡所能做到的。

新加坡另一個主權基金「新加坡政府投資公司」象徵着該國投資業務衝出亞洲、走向國際的過程，其管理的資產不少於淡馬錫，甚至有所超越，這源於新加坡在國家基金投資上的多元化策略。根據 GIC 在 2022 年的報告，該公司 37% 的投資在美國，8% 在歐元區，4% 在英國，25% 在亞洲（不含日本），7% 在日本，5% 在非洲，4% 在拉丁美洲。GIC 的業務相對偏向金融、地產而非產業，與淡馬錫互補長短。

GIC 與香港的外匯基金相似。近年香港的外匯基金因投資「一帶一路」項目，被香港傳媒質疑是否被中國大陸影響投資自主。而 GIC 的投資除了有黑石集團、德意志銀行中心地產項目、荷蘭邦基貿易公司之外，也有傳統上被投資者視為風險較高的菲律賓群島銀行。這背後也跟新加坡的國策有關，因為新加坡把自己視為東南亞地區的領導國家、東盟主要的經濟發展推手，自然就會涉及區域內的投資項目，甚至是自己有份參與的發展項目，正如淡馬錫的投資就是以國企為主。而這樣的

策略在新加坡得到傳媒和公眾的理解和歡迎。

香港輿論欠發展遠見

　　但是，在香港因為長期欠缺對於「區域經濟一體化」和國家各大政策如何落地的深入探討，因此會有傳媒炒作對發展中國家的歧視、對落後國家的污名化。這背後是一個被殖民百年的城市思想上偏向保守的西方中心主義。甚至，在很多西方傳媒對新加坡和香港兩地描述的比較中，都會說新加坡的種族觀念比較開放，因為新加坡本來就是一個多元種族社會，而香港則比較排外，尤其是對南亞裔和東南亞裔人士。這也是新加坡能夠成功吸引各地資金的原因。

　　近一段時間以來，香港部分傳媒學習西方媒體，炒作新加坡與香港兩地比較的話題，並出於對香港的不滿而抬高新加坡，但偏學不到新加坡的精髓，如對多元種族的包容、理解、欣賞，反而大肆鼓吹精英主義，看不起那些相對落後發展的國家，包括中國大陸及整個「一帶一路」倡議。殊不知在他們高傲地觀看世界的同時，他們口中「精英主義」的新加坡已經到非洲發展能源，到菲律賓投資，參與老撾的電網建設。

　　新加坡知名的文官制度同香港一樣來自英國，卻因為與自身的多元主義融合，不像香港那樣種族單一化和思想高度同質，因此出現了很多驚艷世界的思想家，著名外交官馬凱碩（Kishore Mahbubani）就是一個例子。馬凱碩是新加坡印度人，曾任聯合國安全理事會主席、前任職新加坡國立大學李光耀公共政策學院院長，現為該校知名的亞洲研究中心榮譽院

士，說他代表了真正的新加坡精英思想也不為過。

本世紀初，馬凱碩曾任聯合國安全理事會主席，後來成為國內重要學者和東南亞發展問題上的主要意見領袖。2015年，馬凱碩在哈佛大學甘迺迪學院演講時表示，美國在南海問題上需尊重中國，不只是因為美國不應與中國對抗，而且作為東南亞人，他對美國帶來的戰亂和軍事衝突風險感到不安。以亞洲和平的角度出發，馬凱碩這樣想絕對合理。

新加坡外交官不盲信西方

2018年，馬凱碩在長風文教基金會演講時表示，福山的「歷史終結論」認為西方民主體制是世界發展的終極政治形式，這是西方國家在催眠自己，讓西方國家完全沒意識到中國和印度正逐漸甦醒。馬凱碩這些類似的發言經常被中國媒體轉載，讓人們常有一個印象，認為他只是另一個支持中國的聲音，而他自己亦利用這個形象在2020年出版了 *Has China Won?*（《中國贏了嗎？》）一書，題目就十分具爭議性。但是不要忘記，他的眼中遠遠不只有中國，他首先是一名新加坡印度人。印度在21世紀，尤其是在未來十年的發展當中，將會對包括新加坡在內的世界產生巨大影響。新加坡一直都注意到這個巨大的商業金融機遇，因此思想上較為開放。

這些觀點在馬凱碩另一本較少為人知的作品 *The Great Convergence*（《大融合》）中可以看到。他在書中指出，由已發展國家主導的世界秩序將會被發展中經濟體的崛起所挑戰，西方人絕對沒有資格看不起落後國家的人，包括印度

人。想想馬凱碩和很多新加坡人的經歷，他們不是如香港人那樣「在英國的殖民管治下」成為中西之間的橋樑，繼而發展出龐大的金融和轉口貿易生意；而是在相對落後的東南亞，由建工廠到工業帝國，然後再成立主權基金，走出一條「由新加坡人自己」努力打拼出來的發展之路。他們沒有看不起任何人，而是在極度孤立的情況下、在所有可能的地方尋找機遇。這或許才是為什麼香港人和新加坡人在文化上很多地方相似，但其實又很不相似。

那麼，香港可以改變其觀念，改變單一垂直化的經濟結構，發展國有企業，改變傳媒生態，複製新加坡模式的成功嗎？從現實來看似乎不行，而這是因為新加坡那個時代的國際法環境與今天不同。

國際法改變國企規則

在全球化、資本化的國際秩序建立以前，新加坡可以透過國有企業來打造一種外向型的高技術經濟，但是在今天全球化的很多規則之下，發達國家設立了一系列法律法規，針對的恰恰是像新加坡、越南和中國那樣存在國有企業體系的國家。

從世貿組織（WTO）過去二十多年不斷修改的條文之中，從關稅與貿易總協定（GATT）第十七章有關「國家貿易公司」的部分，到 GATS 第八條對所謂「壟斷公司和單一材料供應」和第九條對「商業準則」的規條，再到 ASCM（Agreement on Subsidies and Countervailing Measure）中的第一條、第三條和第二十五條，我們看到以美國法律為基礎的貿易法例對「國有

企業」定義不斷擴充：以前是國家計劃之下的原材料供應商，後來包括主權基金，到現在甚至包括公營服務和退休基金，全方位監管任何和市場主義衝突的東西，包括設立「聖地牙哥原則」（The Santiago Principles）讓主權基金不能再如淡馬錫當初事事都隱密進行，也不能和國企連成一線。

黃杰

後記一

從東南亞的整合
看香港未來

　　經歷了風風雨雨的大半個世紀，從亞洲四小龍到亞洲四小虎，再到中國改革開放之後成為全球新經濟重心與動力，東南亞在解決政治問題和經濟轉型上也漸見曙光。隨着亞洲的興起、世界重心的東移、人才的回歸、技術的發展，我們越來越有條件走出過往歷史的制約，不再服膺於白色恐怖、強人政治、強權陰霾，慢慢從各自黑暗的冷戰小旋渦中走出來，彼此看見，彼此同行，彼此依靠。

　　2021 年雖然還是疫情之中的一年，但是隨着 RCEP 的簽訂、「東盟 10+3」合作框架的落實，東盟越來越多的政治決策也變得透明化，甚至衝上國際新聞媒體的版面。例如，東盟也開始仿傚中國制訂「五年計劃」了。在 2021 年 3 月「東盟亞洲資本市場論壇」（ASEAN Capital Markets Forums）的部長級會議之後，東盟各個國家也承諾於 2021 至 2025 年集中解決整體性增長（inclusive growth）和氣候變化（climate change）的問題。

　　類似的規劃在東盟之中有非常之多，恐怕此處不能一一描述了，有些是關於海洋廢料問題，有些是與印度聯合對抗中國軍事

威脅（2016—2020 年）。但是不論如何，從這些規劃看來，其實東盟所關注的議題是非常先進前衛的，並不是如眼光狹隘的人看待「第三世界」那樣。

　　比方說，社會的「整體性增長」引發了社會的貧富不均，這些都是我們以為發達國家才會有人力、資源、知識去面對的問題，而覺得「沒那麼進步」的國家則會盲目追求國民生產總值增長而放之不理。但事實剛剛相反，發展中國家其實也非常重視高速度發展背後的社會代價，就如中國也提出全面滅貧、建成小康社會、共同富裕等目標。

　　經歷過殖民統治、戰爭摧毀、政治屠殺的社會，其實更不一定會走上歐美殖民掠奪甚至發動戰爭的資本主義老路。相反，現在看來東盟各國領袖所關注的問題可說是比西方人「文明多了」。他們正正就是知道殖民和欠發展的代價，所以才更願意放下政治的問題（或是有朝一日要面對的歷史問題），而走向共同發展的道路。

　　又以上述東盟關注的另一個議題「氣候變化」為例。其實全球海水預計上升 19 釐米，最受影響的正正就是像印尼、馬來西亞、菲律賓這樣的島國，而其實最有權發聲的也應該是這些國家。可是由於國際關係不民主，這些東盟國家甚少在世界論壇上得到重視。但是這不代表他們就沒有為自己國家的環保問題出錢出力，例如前一陣子最熱門的湄公河問題，又如印尼為了保護「世界之肺」的原始森林而作的努力。

　　就連聯合國秘書長古特雷斯也向發達國家喊話了，說：「2009年哥本哈根氣候大會上發達國家承諾，十年以後每年向不發達國家提供一千億美元的氣候應變基金，如今一分錢都還沒給。」（德

國和加拿大已經牽頭籌備這一筆錢了，雖然比《巴黎協定》最後限期晚了三年。）

這裏想強調的是，東盟作為一個整體，已經不能當成小國來看待了。他們的生產總值加起來相當於一個德國，也正在吸引世界三分之一的國外投資，並且年輕的勞動力在快速發展。我們應該把事情想像成有一個如德國那麼大的經濟體就在我們的身邊快速成長，而我們之間才剛簽訂了非常重要的貿易條約，準備展開合作。就連他們對世界思想的貢獻和人文關懷其實也不在其他世界大國之下。

就在 2021 年，時任中共中央政治局常委、國務院總理李克強出席第二十四次中國東盟峰會（線上），在其中重申了下一個「五年計劃」中的主題：「綠色」與「藍色」。前者是指東盟的崛起將不再走中國當年工業化造成大量污染的老路，而是走符合東盟國情的「綠色工業化」新路。而「藍色」就是前文〈印尼「全球海洋支點計劃」機遇與障礙〉中提到的「海洋物聯網」體系。兩者都表示中國願意按照東盟各國的發展實際和地理特色而進行合作。所以，從這些細節中我們可以大概看到中國的區域性發展策略是理性的、尊重的、平等的。

那麼，香港在這個新型的全球關係（甚至是最重要關係）當中的角色又為何呢？前文中提到在東盟各地都有很多產業需要香港的人才：國際法律、產業鏈配套措施、信用系統網絡、清算計算中心、農業現代化、清潔能源的技術管理和轉移、為新興市場集資、金融評分機械等等。

香港過往因為殖民主義的關係成為了世界和中國之間的出入口，但是那時候的「世界」其實就是西方，最多加一個日本。筆

者無意貶低西方的重要性，但是在中國最重要的雙邊關係、最大
貿易夥伴都已經變成東盟的時候，香港是時候想一想自己在這個
新型的重要關係之中可以如何扮演好中間人的角色，並找到自己
的生存空間。

黃宇翔

後記二

劇變中的
東亞和香港

　　這本《東亞變局：大轉型與香港出路》的構想源起於 2021
年初至 2022 初，這時我和黃杰已在《亞洲週刊》撰寫了一系列
關於東亞國家政治與經濟轉型的文章，期間得到北京港澳學人研
究中心的鼓勵，斷斷續續增訂、修改超過一年的時間，最終在
2023 年 9 月面世。

　　在增訂的過程當中，世事滄桑局又新。東亞作為一個整體的
政治概念，在此期間更加受到重視。2023 年 9 月，東盟將首次
在南海進行聯合軍演。在經濟上，根據國際貨幣基金組織的預
測，到了 2040 年代，東亞的 GDP 將佔全球的一半左右，形成
「東亞半球」。「亞洲的時代」看起來比預期中來得更快。世界的未
來儘管可能很美好，但中國人常說「謀事在人，成事在天」；西諺
也說「制度乃智慧與機運的孩子」（System is a child of wisdom
and chance）。要建立起與經濟成長匹配的制度、地緣安排，靠
的仍然是人類的智慧。

　　香港處於東亞地區的正中心，位處東北亞、東南亞的分界
線，數百年來與東北亞、東南亞都保持密切的往來。香港若要在

未來東亞地區的經濟成長裏獲益，就需要加強對周邊地區的認知與研究，尤其是東南亞研究，仍待急起直追。目前在香港的大學裏頭，要學習東南亞國家的語言也非易事。在這個大變局時代裏，若這本小書能對大眾了解東亞國家的政治、經濟起到一點微末作用，那就於願足矣。

這本書得以面世，要感謝的人非常多，首先是北京港澳學人研究中心和石中英先生的支持，沒有他們的實際支持，這本書就沒有辦法出版。此外，尤其要感謝《亞洲週刊》總編輯邱立本先生，由於他的鼓勵，我們持續關心東亞國家的政治、經濟大轉型，這本小書裏的文章，大部分原本也刊登於《亞洲週刊》之上。也感謝為這本書賜序的高朗教授、張翠容女士以及本田善彥先生，他們都在我們寫作的過程中給予支持、鼓勵。得益於他們的鞭策，我們的寫作能更加成熟。

要感謝的人非常多，這本書裏每位接受採訪的朋友、每個在寫作上提供合作與支持的夥伴，都對這本書有莫大的幫助。「丹山九仞，煙峰非數簣之功；紫極千門，雲台俟萬楹之力。」希望在未來的路上，能繼續與各位共同發掘東亞地區的變與不變。龔自珍說：「世事滄桑心事定，胸中海嶽夢中飛。」願各位讀者在劇變中的世界，也能找到安心處，行止有方。